石 坂 尚 武 著

どうしてルターの宗教改革は起こったか〔第２版〕

——ペストと社会史から見る——

ナカニシヤ出版

第二版のまえがき

――二〇二一年四月六日　新型コロナの世界の死亡者が三〇〇万人を超えた日に――

本書が出版されて三年後、新型コロナ・ウィルスのまさに世界席巻が起こった。そこで過去の一四世紀の黒死病に関心が向けられたが、俗説による誤解が多い。例えば、コロナ禍の特集の新聞記事ではこうある。「中世の西ヨーロッパは神に対して敬虔でした。ところが人口の三分の一がバタバタと死んでいく。そうすると《神はいないのでは……》《どうせ死ぬなら好き勝手に》となります。［中略］ペストは従来の価値観に大きな変化をもたらしました。これがルネサンスです」。また、別の記事では、「一四世紀にヨーロッパを襲ったペストにより封建社会が崩れ、中世ヨーロッパの社会構造が、がらりと変わった。そして、ルネサンスにつながった」(1)。感染症の研究者も以前からこう言う。ルネサンスは「ペストによる破壊的な打撃によって強制的に中世の終焉を迎えたヨーロッパに、ようやく自由や開放的な気運をもたらした」。別の研究者も言う。「半世紀にわたるペスト流行の恐怖の後、ヨーロッパはある意味で静謐で平和な時期を迎えた。［中略］やがて、ヨーロッパはイタリアを中心にルネサンスを迎え、文化的復興を遂げる。ペスト以前と以降を比較すれば、ヨーロッパ社会はまったく異なった社会へと変貌した。変貌した社会は、強力な国家形成を促し、中世は終焉を迎える」(2)。一五世紀になり、ペストから解放されて「別世界」が開けたというこの俗説は日本の世界史教科書で学んだ者同士なら通用する（だから先の四人の筆者の責任は問えない）。

しかし、そもそも日本の世界史の教科書（これが問題である）はあまりに大雑把で歴史の実態から乖離している。一四世紀以後、三世紀ほど続いた黒死病とその心性への影響はほとんど無視されている（黒死病は「単独峰」ではなく三、四世紀続く「一大山脈」である）。しかも、寒冷期のペスト期のキリスト教社会にもたらされた非常に高い宗教性が無視されている。そこでは人間が神から離れ、自立した時代と見られ、ルネサンスは、黒死病がもたらした「暗黒」に対して「光明」をもたらす「近代の幕開け」という。中世は「宗教性の強い時代」、近世は「宗教性が薄まった時代」、近代は「宗教性から解放された時代」であると、進歩史観的に理解する。しかし、近世の歴史はそう単純ではない。ひとつに、寒冷期がもたらした苦難ゆえにむしろ非常に宗教性の強い時代であった（しばしば戦争さえ起こした）。近世のキリスト教社会に頻発した飢饉や疫病その他の苦難は人びとの心性に強く作用し、人びとの考え方や行動に作用した。ルターもまた苦難の時代で神の怒りに苦悶し、模索し、ついにその愛を見出した神学者であった。本書はルターのペスト期の思想家としての側面に光を当てる。

第二版の本書は初版の内容を尊重して細部の最低限の変更・修正に留めている。

注

(1) 一点目は二〇二〇年四月一五日付朝日新聞、ゆげひろのぶ「明日へのLesson」、二点目は同年九月一五日付同新聞、石井徹「朝日地球会議危機は世界を変えられるか」。

(2) 一人目は岡田晴恵『感染症は世界史を動かす』ちくま新書、二〇〇六年、一二七頁。二人目は山本太郎『感染症と文明』岩波新書、二〇一一年、六八頁。

目次

はじめに

――ペストは宗教改革に作用した大きな要因のひとつであった――

第一節　西欧におけるペストの歴史的重要性

ルターが一五一七年に宗教改革を提起してから二〇一七年（本書の出版年）でちょうど五〇〇年となる。歴史の分水嶺となったこの大事件から五〇〇年経つこの記念すべき年には、ルターに関係した記念出版物が数多く発行され、記念イヴェントもあちこちで催されている。このような特別の年なら、私のようなルター研究の専門家でない者でも、自己の研究分野から見えるルター像や宗教改革像について、思い切って一石を投ずることも許されるかもしれない。そう思って、この小書のペンを執った。イタリアの歴史を専門とする私が、昨年と今年に発表した『地獄と煉獄のはざまで』（知泉書館）、『イタリアの黒死病関係史料集』（刀水書房）や、続く『苦難と心性――イタリア・ルネサンス期の黒死病――』（刀水書房）で、イタリアについて述べた本質が、そのままドイツの事例についてコンパクトにあてはまることを示したい。

すなわち、私は西欧の中近世（中世・近世）のペスト（黒死病）の歴史を研究している者である。中世末、アジアから伝わったペストは、一三四八年を中心にヨーロッパで猛威を振るい、その死亡率は人口の三分の一に及んだといわれる。さらに、最近の精緻な研究によって、そのペストの死亡率はさらに高められて、四五パーセントから六〇パーセントといわれてい

図 1　市庁舎に建つルター像と背後の宗教改革 500 年記念ポスター

図 2　アイスレーベンのルターハウスに来た見学者（2017 年 8 月）

る[1]。しかも、それは決して一過的なものではなく、すぐにヨーロッパにおいて風土病として定着してしまい、一四世紀後半には、傾向として約一〇年（六年～一二年）毎にペストが繰返され、次々と大量死をもたらした。これはイタリア、ドイツ、フランス、イングランドなどでほぼ共通の傾向であった。これは直接的には人びとの心性に、そして思想家の思想に大きな影響を与えたと考える。なお、ペストは私の守備範囲「西欧」に限定して論じる。

例えば、一四〇〇年（一四世紀最後の年）、イタリアのフィレンツェはペストに見舞われた。これはこの一四世紀で六度目のペストであった。もともと一三三八年時点でフィレンツェの人口は「一二万人」（D・ハーリヒー）であったが[2]、主に一三四八年から五回にわたって周期的に発生したペストによって一三九九年の時点では、人口はわずか六万人程度にまで激減してしまった。この頃、フィレンツェ当局は、周期的に発生するペストに苦慮して、実態把握のために流行時には週ごとにペストによる死亡者の数を記録するようになっていた。ペストによる死者の特定は、その遺体の脚のつけねの大きな卵型のふくらみから容易であった。この年のフィレンツェの五月から八月の毎週の記録は次の**表1**のとおりである[3]。

人口わずか六万人のフィレンツェの町に、何と毎週三桁に及ぶ数の人びとが疫病死した。すなわち、五月から八月までの間に、連続して毎週三桁の数の疫病による死者が出ている。しかもピーク時には四桁――「一一七七人」「一〇一五人」――にも及んでいる。結局、この一四〇〇年の六度目となるペストによって、六万人を擁する人口は、二〇パーセントの減少を強いられ、四万八〇〇〇人となってしまった。しかも、ここで挙げた数値は「墓掘人」(遺体運搬人)が都市当局に報告した数値であって、実はこれ以外にもまだ疫病死した者がいたのである。

表1　「1400年のフィレンツェのペストによる死亡者」
(フィレンツェの人口約6万人)

5月3日～10日	87
5月11日～17日	141
5月18日～24日	208
5月25日～31日	278
6月1日～7日	343
6月8日～14日	542
6月15日～21日	550
6月22日～28日	887
6月29日～7月5日	1,177
7月20日～26日	1,015
7月27日～8月2日	966
8月3日～10日	746
8月11日～17日	459
8月18日～24日	253
8月25日～31日	233

ここで、仮にあなたがこの時代のフィレンツェに住む一市民であったと仮定しよう。例えば、あなたがこの年の六月末の時点で、ペストが猛威を振るう町でまだ生きていたとしよう。市壁に閉ざされた狭い都市内に溢れる遺体、ひっきりなしにおこなわれる葬儀。喪に服している者が次の日には喪に服される日々。家族・友人の死や周囲の人びとの大量死を間近に見るにつけ、「明日は我が身か」と思ったことだろう。流行時のペストの怖さは、のど元にナイフをずっと突きつけられている心持ちである。

さらに、一五～一六世紀においても、規模は以前ほどではないにしても、ペストはほぼ周期的に何度も発生し、大量死をもたらした。一五世紀末から一六世紀半ばまで生きたルター（一四八三～一五四六）も何度もペストの危機に直面したのであった（実際、ルター自身、ペストへの高い関心から、ペストについて詳しく述べた著作を書いている。第四章第三節参照）。

そして一七世紀になってからも、ペストは発生頻度こそ低くなったが、一度発生すれば、高い死亡率で都市を襲った。例えば、イタリアの南部のナポリでは、一六五六年のペストで、人口四〇万人から四五万人のうち、二四万人から二七万人が死亡した（死亡率は五三～六七パーセント）。北イタリアは一六三〇年に広域にペストに襲われたが、このペストによる死亡率は、ヴェネツィアで三三パーセント、ミラノで五一パーセント、クレモーナで六三パーセント、マントヴァで同じく六三パーセントであったと推定されている（研究者G・カルヴィによる[4]）。

一七世紀のフランスについていえば、例えば、一六二八年から三一年の間には、七五万人から一一五万人の人びとがペストで死亡したと推定されている[5]。フランス北部のアミアンの場合、一五八二年から一六六九年の間に、一九回もペストに見舞われた。それは四・五年に一度の周期である。中世末に限らずこの時代においても、ペストはなおもフランス人の死因の主たるものでありつづけたのである。

一七世紀のイングランドについていえば、ロンドンでは一六六四年から六五年のペストが甚

表2　ロンドン市の「死亡週報」（1665年）

期間	死亡者数
8月8日～15日	3880
8月16日～22日	4237
8月23日～29日	6102
8月30日～9月5日	6988
9月6日～12日	6544
9月13日～19日	7165
9月20日～26日	5533
9月27日～10月3日	4929
10月4日～10日	4227

大な被害を及ぼした。人口五〇万人の人口のうち一〇万人がペスト死したと考えられている（死亡率二〇パーセント）[6]。**表2**は、一六六五年の「死亡週報」（ロンドン市発行）が報じた疫病死した者の数である[7]。

これによると、夏の二カ月間、毎週五〇〇〇人前後の人びとが連続してペスト死し、この二カ月だけで死者は五万人に及んだ。まさに大パニックであった。この惨状は、『ロビンソン・クルーソー』を書いた同時代人のデフォーがその著書で伝えてくれる。この頃のロンドンにあなたが住んでいたとしたら、どういう心持ちだろうか。

しかし、イングランドのペストは幸いにも、これが最後となり、風土病として長く苦しめられたペストからいち早く解放されることとなった。そして、ほかの西欧世界でペストが消滅し、人びとがペストから解放されるのは、ロンドン・ペストから半世紀後の一七二〇年代であった。一七二〇年に発生した南フランスのマルセイユのペスト（一七二〇～二一）が、基本的に西欧の最後のペストであった（このペストによる同市の死亡率五〇パーセント）[8]。なお、東欧（ロシア）では一七七〇年代になってようやくペストが消滅した。

第二節　心性の形成と「ペスト期」の提起

ふつう歴史年表ではこうした周期的なペストの流行は、最初の「一三四八年の黒死病」(固有の意味の、狭い意味の「黒死病」)を除けば、ほとんど無視されている。年表では政治史的事件や戦争ばかりに目が行くからだ。だが、今見たようにペストによる被害ぶりは当時の戦争以上に悲惨なものである。社会そのものがダメージを受けたのである。こうしたペストによるこの被害の壮絶さ、そして、それゆえの苦難の思いが周期的に、程度の差こそあれ、四世紀にも及んだのである。ヨーロッパ人にとって持続的なボディ・ブローであり、心性に応えた。

やや思い切ったことを言うと、心性史的に見るならば、ペストが発生し、人びとが苦難を強いられたこの四世紀間の期間(一四世紀初頭から一八世紀初頭まで)を私は「ペスト期」と呼んで、一時代を画するものと考えたい。

すなわち、この「ペスト期」が開始されるのは、順調であった先立つ時代、気候が温暖で人口が激増した豊穣の中世盛期――主に一三世紀――が終わってからであった。次の時代、すなわち、一四世紀になるや、地球が小氷期に入って寒冷化したことによる気候の悪化で急に飢饉・凶作・疫病(ペスト以外の)による苦難が多発し、その土壌の上に、東方から到来した新しい疫病、ペストが猖獗（しょうけつ）を極め、その直後にペストは風土病となり、周期的に流行するようになってしまった（「ペスト期」、厳密には「ペスト・飢饉期」はペストの直接の下地となった一四世紀初頭を含めておきたい）。ペスト期という時代においては、心性史的背景のもとにおいて、宗教問題や宗教改革や宗教戦争が時代の中心にあった。

そして、ようやく一八世紀初頭（イングランドは一七世紀半ば）になってペスト期は終焉する。このペストの消滅の原因については定説を見ないが、指摘されている原因としては、まず「気候変化」、次に「予防措置の効果」、そして「媒介動物のネズミの生態学的変化」などがあげられている。最後の「ネズミの生態学的変化」についてコメントしよう。

「ペスト」という病気は、ネズミに寄生するノミが人間の皮膚を刺し、その際にペスト菌を人間の血液中に注入することから罹る病気である。この感染形態は当時の人びとにとって全く想像できないことであった。そして、中近世では、人間にペスト菌を注入し、人間をペストに感染させていたノミが「ペストノミ」（学名「ケオプス・ネズミノミ Xenopsylla cheopis」）であり、このノミは「クマネズミ Rattus rattus」に寄生していた。クマネズミは、悪いことに、人間の家のなかやその周辺に棲息し、人間への感染を容易にしていた。すなわち、まず、クマネズミがペストノミからペスト菌を注入されて、罹病し、そのためにクマネズミが大量死する。すると、次に、もはや養分を摂ることができなくなったペストノミは、ペスト死したクマネズミを離れ、ついに人間に飛びつく。こうして、クマネズミの大量死はしばしば人間の大量死の前奏曲となったのであった。

人間はペストという病気をクマネズミと「共有」している。現代のニュースで時々扱われることがあるように、渡り鳥が養鶏場の鶏に「鳥インフルエンザ」を感染させ、それが人間に感染することがある。これは人間と鳥が「鳥インフルエンザ」を「共有」しているからである。

付記

一方、犬や猫は、ふつうペストという病気をクマネズミと共有していないので（例外はある）、ペストに感染しない。ペストの流行時、人間は、ペストで死なない犬や猫を見て、それらがペストの原因だと判断して、猫や犬を殺してしまった。例えば、一六六五年のロンドン・ペストの時は、ロンドン当局は猫や犬がペストの原因であるとして、約二〇万匹の猫、約四万匹の犬を処分してしまったのであった[9]。実は、これは誤った対処であった。猫はクマネズミを駆逐し、人間のペストへの感染から守ってくれる非常に有用な存在であった。一九〇八年、日本へ来たコッホ（一八四三〜一九一〇）は、ペスト防止のために積極的に猫を飼うことを勧めたのである。

ところが、一八世紀初頭、ペストの終焉をもたらす「ネズミの生態学的変化」がおこったといわれる。すなわち、西アジア原産のドブネズミの大群が新たにヨーロッパに登場した。一七二七年、東方から来たドブネズミがボルガ川を泳いで越えてロシアに侵入してきたという。川や海を渡るこの大柄でどう猛な「ドブネズミ Rattus norvegicus」こそ、小柄なクマネズミをヨーロッパから駆逐・殺戮してしまう重要な存在であったといわれる⑽。

この新参のネズミは、人間にとって都合がよかったことに、それまでの人間の家のなかにまで入り込むクマネズミと違って、人間の住居から距離を置くタイプのねずみであった。下水やゴミ置き場など、人間の住居から少し離れて棲息する動物であった。このことから、結果的にペスト菌を人に感染させるペストノミと、我々人間との間に距離が置かれ、ペスト感染が抑えられた（完全ではないが）という。

やや繰り返しになるが、ペスト流行のメカニズムの基本型は以下のとおりである。ペスト菌は、クマネズミに寄生する「ペストノミ」の体内に潜んでいた。ペスト菌に冒されたペストノミは、その消化器官（前胃）はペスト菌による血のかたまりによってふさがれてしまっている。ペストノミも深刻な罹病者であり、ペスト菌の犠牲者である。ただ、このペストノミは宿主のネズミがいなくても、衣服などに潜んで八〇日間以上生き延びることができる⑾。こうしてペストノミは、運搬された衣服から抜け出して別の人にペストを感染させる場合がある。ペスト菌に冒されたペストノミが寄生する宿主クマネズミは、ペストの罹病者・犠牲者としてペスト死する。このクマネズミがペストで大量死すると、ペストノミは、養分が摂れないクマネズミを離れて、今度は人間に飛びつく（クマネズミと人間の病気の共有）。そこでペストノミは、養分を得るために、新しい宿主である人間の皮膚を刺して吸血するが、この時に、前胃のなかで塞がれてしまっていたペスト菌の血の固まりを一気に逆流させて、人間の血管に吐き出す（また糞も排泄する）。こうして人間は、吐き出されたペスト菌によって最後の罹病者としてしばしばペスト死する（なかには回復する者もいた）。あるいは、ペスト菌は、時にペストノミの排泄した糞のなかで生き残る場合がある。ペストノミによる傷口があれば、そこから血管に入り込むこともある。

なお、ペスト菌は冬になるとネズミの胆囊のなかで冬眠するので、原則的に冬には流行しないという[12]。そもそもペスト、すなわちペスト菌は、微生物（バクテリア）であるので、時代、地域、気候、風土、生態系等の条件によって変異することがあるので、今述べたことがいつも当てはまるわけではない。また、ペストが流行した時に、同時にチフスなどの他の病気も併発して人びとを苦しめていた場合もあった。

第三節　ペストの終焉と啓蒙思想

こうして、人間はペストからようやく解放されたという思いからであろうか、「ペスト期」が終わってから続く新しい時代（一八世紀。イングランドは半世紀早い）において、「人間の理性」をスローガンとし、宗教に束縛されまいとする啓蒙思想が知識人層を中心に台頭し、近代の幕開けが始まった――と取れないこともない。この思想のひとつの特徴的傾向は、教会への反発である。ペスト期において聖職者や教会がペストの流行から追い風を受けて盛んであったのと対照的である。例えば、フランス啓蒙思想の代表作である『百科全書』はその出版以来、その反教会的性格ゆえに、教会や聖職者から強い反発や反感を買った。それは啓蒙思想の本質的傾向から当然の反応であったといえる。こうして啓蒙思想こそが、フランス革命（これによって教会や修道院がフランス中で数多く破壊・売却された）を引き起こす思想的バックボーンとなったのである。啓蒙思想の著名な著作は、例えば、以下のものがあげられよう。

ロック（イギリス）『統治論』（一六九〇年）
ヒューム（イギリス）『人間本性論』（一七三九～一七四〇）
モンテスキュー（フランス）『法の精神』（一七四八年）
ルソー（フランス）『社会契約論』（一七六二年）
ベッカリーア（イタリア）『犯罪と刑罰』（一七六四年）
アダム・スミス（イギリス）『国富論』（一七七六年）
ディドロ、ダランベール他（フランス）『百科全書』（一七五一～一七七二、一七七六～八〇）

もちろんペストから解放されたことだけでそのまま啓蒙思想が誕生したとは考えにくい。やはり一七世紀の「科学革命」の下地が大きな要因であろう。しかし、一七世紀において科学革命を担った人たちは、限られた一部の知識人であった。彼ら科学者の多くは同時に神学者、または神学に高い関心を抱いた人たちであった。デカルト(一五九六~一六五〇)、スピノザ(一六三二~一六七七)、ライプニッツ(一六四六~一七一六)、ニュートン(一六四二~一七二七)などがそうした人びとである。

やはりペストからの解放が、部分的にせよ、啓蒙思想の誕生の背景の一因となって、いわば「追い風」として作用したことは可能性としてありうることである。この可能性は、初期の啓蒙思想家の書いたものを綿密に分析して、その心性をあぶりだし実証すべき課題である。また、一八世紀において注目される社会的な出来事は、産業革命がもたらした富と人口の増加である。この社会的動向が人びとの心性に変化をもたらした大きな要因のひとつかもしれない。

私は、これまで多くのペスト関係の史料を読んできたつもりでいるが、ペスト期においては「疫病は神罰である」ということば以外にほとんど認められなかった。しかし、ペスト期が終わって啓蒙思想期かそれ以後の史料において、ようやく「疫病は神罰ではない」ということばが強く発せられることになる。

なお、宗教に反発した啓蒙思想が、果たして神まで否定するものであったかは、はなはだ疑問である。その理由として、現在、私の頭には、二つの理由がある。ひとつは、啓蒙思想は《神の見えざる手》（アダム・スミス）を信じていたからである。予定調和の楽天的な世界観は神の存在（見えざる手）を暗に想定していたと考えられる。もうひとつの理由は、この時代の知識人の新しい思想が、果たして社会のすべての層にまで及んで支配したかとなると、それは、実際には甚だ疑問だからである。なぜなら一般の市民層においてキリスト教徒的要素は伝統的に心性に染みこんでいたものであり、実際にはなお深く息づいていたと考えられるからである。さらに、この伝統的な宗教性（キリスト教的心性）は、実に一九世紀末の市民層にまで継承されていったと見るべきである。というのも、一九世紀末のニーチェはそのキリスト教的心性に噛みついて、《神は死んだ》と叫んでヨーロッパの人びとの意識改革を提唱しているからである。これは、裏を返せば、なお神は死んでいなかったのである。《死んだ》と叫ぶのは、人びとにおいて神はいまだに健在であり、死んでいなかったことの逆説的表現である。なお、ここでニーチェがいう神はキリスト教の「神」のみならず、理念的思想体系の全般を指している。

第四節　本書の課題――ペストによる心性・思想への影響について――

ペスト期の四世紀の間に与えたペストによるダメージは人的損失にとどまらなかった。それは人びとに心性的、精神的な影響を及ぼし、それによって人間の思想形態や行動様式にも影響をもたらしたと考える。「ペスト期」においてペストによる甚大な被害は人びとの心性と、それゆえに思想と行動に影響を及ぼしたと考える――すなわち、苦難は心性に痛切に作用する。もちろん確かに人間の歴史において苦難はいつも存在してきたかもしれない。しかし、ペストは、その特殊な病状においても、また、その死の規模（大量死）においても壮絶なものであり、他に類を見ないものであった。ペストに罹った者は、ペスト菌への抗体反応から特徴的にリンパ腺が腫れ上がり、当時の記録によれば、卵やそれ以上の大きさになったという。患者は激痛、悪寒、高熱、嘔吐に苦しみ、精神錯乱を伴ったという。

これは、ペストの主要なものである「腺ペスト」である。このほかにノミを介さずに人に移る「肺ペスト」がある。これは、腺ペストを発症している人が二次的に肺に菌が回って発病し、咳やくしゃみによって他の人に飛沫感染させてペストを罹病させる。人から人への感染である。腺ペストの患者よりも早く死に至る。しかし、肺ペストは中近世では極めてまれであった。腺ペストは、ふつう冬には流行せずに、春から夏に流行する。それもペスト菌の変異によって様々である。

ペスト（腺ペスト）の罹病者の多くは、激痛と共に数日で急死に追いやられる。その遺体は黒ずんだ皮膚で覆われた（「死の凄惨さ」）。そして規模は大きく、町中の多くの人びとを死に追いやった（「大量死」）。この恐るべきペストという疫病は、病気のなかでもあまりに際立っていた。直接の原因も当時の人には全く不可解極まりなかった（「不可解さ」）。まさに「神罰」「神業」としか思えなかったのである（原因が特定できたのは、一八九四年、顕微鏡を用いた二人の細菌学者、北里柴三郎とアレクサンドル・イェルサンによるものである）。しかもペストは、周期的、継続的に四世紀に及んで人を恐怖に追いやり続けた（「継続性」）。

このように、ペストに特徴的な「死の凄惨さ」「大量死」「不可解さ」「継続性」は、いずれもまさに格別のものであり、あらゆる苦難のなかでも極であったともいえる。それは神罰を意識させるにあまりに十分なものであった。さらに、ペストの流行と大量死は、終末意識を大いに刺激した。つまり《最後の審判》の大作が描かれる精神状況を刺激したのである。ルターの宗教改革もこうした背景が作用していたと考えられる。

ペストによる苦難の連続は、《ペストは神罰である》という心性（ペスト的心性）を形成した。何といってもヨーロッパの中近世の時代は、キリスト教が支配的であったから、ペストという災禍は、「宗教的事件」としてキリスト教的に解釈された。すなわち、心性において、ペストは、罪を犯す人間に対する神の罰と見なされた（ペスト的心性）。ペストの原因である神の怒りについては、聖職者に限らず、俗人によっても、多くの年代記において言及され、絵画などでも表現されている。こうしてペストの流行とともに《峻厳な神》が強くイメージされ、神罰としてのペスト――ペスト的心性――が刻まれたのである。それは人びとの胸に刻まれた。

その心性は、さらに、その時代を生きる思想家が思想を形成する際に土台となって思想に作用したように思われる。思想家は、思索だけの真空空間で思想を営むというより、ふつう、生きている「生の生活空間」から問題意識を抱き、そこから思想という思索世界に立ち入っていくものであり、この意味において思想家のこの問題意識に心性は作用したと考える。一九世紀のショーペンハウアーが革命の挫折の生活実態から厭世哲学を構築し、マルクスが労働者の悲惨な生活実態を直視して唯物史観を形成したように、日々生活しそこから受ける問題意識は思想の発想と形成の土壌である。すなわち、この流れを示すならば、「苦難」は「心性」に作用し、「心性」は「思想」に作用する――この少し観念的、抽象的なわかりにくい流れについて、本書において具体的にルターという人物に焦点を据えて、彼が受けた「苦難」とそこで抱いた「心性」、そしてそこから生み出された「思想」、この三者の流れの結びつきを論証したいと思う。

第五節　ペストの流行が及ぼした幅広い社会的影響について

「ペスト期」において、ペストはそれ自体で単独で人びとを襲ったわけではなかった。ペストは、あくまで置かれたその時代の深刻な状況と密接に結びついて猛威を振るった——すなわち、ペストはまず飢饉と結びついて流行した。そもそも特に一四世紀に入ってから地球が小氷期に入り、凶作の年が頻発し、人はしばしば飢饉状態に陥るようになった（さらに一七世紀は「マウンダー極小期」と呼ばれ、夏季の寒冷化の現象が一般化し不作を招いた）。凶作や飢饉はこの食糧不足をもたらし、まず飢えた貧民から暴動などが起こった（直接的には、ふつうパン屋への暴動となった）。飢饉のためにひとつの都市——例えば、一三四六年のフィレンツェ（人口約九万人）——で四〇〇〇人もの人が餓死したという（同時代の年代記作家G・ヴィッラーニによる）。この惨状は、我々、飽食の時代に生きる者にはとても想像できないことだろう。

栄養不足・栄養失調は疫病への抵抗力を失わせ、疫病（一三四八年）が大流行する伏線となっていたのである。ペスト期の年代記作家がしばしば「飢饉のあとに疫病が来る」と言っているように、飢饉と疫病は連動し、ひとつのセットを成す場合が多かったのである。ペストはそれ自体で単独に人間を襲ったわけではない。

クマネズミは、人間の生活空間（家）にしばしば出入りしてそれと接して生息し、特にその不衛生な場所（雨風をしのげないじめじめしたあばら屋、藁の寝具）を好んだ。ペストが貧民街からしばしば発生した一因がここにある。ふつう産業革命前の社会では、栄養が不足し、衰弱しがちな「貧民」――特に飢饉時に食糧の援助を必要とする人びと――は、都市の場合、人口の三分の二以上を占めていたと考えられ、農村の場合、そのほとんどが貧民であった。劣悪な住居と乏しい食糧、さらには着替えることのないぼろの衣服、こうした衣食住すべてに問題のある貧民は、ペストと隣り合わせに生きていたといえるだろう。

一四～一五世紀のイタリアの都市国家（統一国家はなかった）についていえば――おそらくヨーロッパ諸国家も同様であろう――、飢饉とペストにさらされていた状態から都市で高じた社会不満により下層民を中心に内乱が誘発された。しかし、そもそも国家財政そのものが悪循環のネックであった――すなわち、国家においては、人口の半減によって租税収入そのものが半減していた。人口は一四世紀初頭（人口のピーク時）と比べると、その一世紀後には人口は、主に飢饉とペストによって三分の一にまで激減していた。半減どころではなかった。この国家財政そのものの逼迫（ひっぱく）によって、国家は間接税や関税や強制公債などの増税措置をもって対処せざるを得なくなり、これがまた広く人びとの反発を招いた。国家当局は、同時に、時に領土拡大によって回復する動きを見せ、しばしば近隣の地域や国に対する戦争行為となった。この戦争は国家財政において戦費の膨張をもたらし、いっそう増税措置に拍車が掛けられた。生活苦と社会不満は高まった。そこで暴動が起こった。悪循環のサイクルに陥ったのであった。

国家や都市国家が乗り出した侵略的戦争やそれに対抗する防衛戦争によって、兵士が戦場に駆り出されたが、戦場を転々とする兵士は食糧や栄養が不十分なために衰弱して、そのためペストやチフスなどに罹りやすく、疫病を地域から地域へとまき散らす役割を担った。一四世紀の百年戦争や一六世紀のイタリア戦争（フランスと神聖ローマ帝国の戦争）や一七世紀の三十年戦争には、ある程度までこうした相互連関的要素が認められ、ペストはこの社会において象徴的なもののひとつとなったと言えるであろう。

こうして、中世末期から近世、すなわち、ペスト期において、飢饉・疫病・戦争の三者は、密接不離と言うべき関係にあったのである。地球の寒冷期にあった中世末期から近世の時代は、飢饉やペストがもたらす経済や政情の不安定が恒常的であり、それがそのまま苦難を構成するものであった。繰り返すと、ペストはただの単独の流行病として存在したのではなく、この社会の本質を成す諸要素と密接に結びついて存在し、歴史的にはその本質的な存在であったといえる。近世はペスト抜きでは語れない。

本書で掲載した写真はすべて著者が撮影したものである。

注

(1) J. P. Byrne, *Encyclopedia of pestilence, pandemics, and plagues*, Westport, Conn., 2008. Vol.1, p.56.

(2) D. Herlihy and C. Klapisch-Zuber, *Tuscans and Their Families : A Study of the Florentine Catasto of 1427*, New Haven, 1985, pp.69-70.

(3) A. G. Carmichael, *Plague and the poor in Renaissance Florence*, New York, 1986, p.72.

(4) G. Calvi, *La peste*, 1987, Firenze, p.7.

(5) Byrne, *Encyclopedia of the Black Death*, Santa Barbara, California, 2012, p.277.

(6) p.141.

(7) D・デフォー（栗本慎一郎訳）『ロンドン・ペストの恐怖』、小学館　一九九四年　一〇一頁。

(8) p.223.

(9) Byrne, *Encyclopedia of pestilence*, 1, p.372.

(10) カートライト（倉俣トーマス旭、小林武夫訳）『歴史を変えた病』法政大学出版局　一九九六年　六〇頁。ハンス・ジンサー（橋本雅一訳）『ネズミ・シラミ・文明　伝染病の歴史的伝記』みすず書房　一九六六年　二一五～二一七頁。

(11) R. Horrox, ed. and tr., *The Black Death*, Manchester, 1994, p.7.

(12) 酒井シズ『病が語る日本史』講談社　二〇〇八年　一八一～一八二頁。

第一章　課題と《峻厳な神》の視点

ミッコ・スパダーロ《1656年の疫病の時のナポリのメルカテッロ広場》（部分）　ナポリのサン・マルティーノ美術館

第一節　課題と《峻厳な神》の視点から宗教改革を見る

これまで私は、研究者としてイタリア、さらには西欧の中世末から近世のペスト（黒死病）の歴史を見てきて、それぞれの時代のペストが、神観念や神のイメージに大きな影響を及ぼしたことを痛感してきた。時代状況は神観念を変えてしまう――時代によってキリスト教は違って解釈された。つまり時代の心性によって「キリスト教」は変わり得たのである。具体的には、好況の一二世紀・一三世紀と打って変って、一四世紀以降、人びとは、ペストがもたらした恐るべき脅威の根源に怒れる神を見たのである。反復するペストによる人びとへの心性的なダメージは、ペストの原因が峻厳な神の怒りによるものであるという共通した認識を形成し、人びとの心性において、神の怒りを恐れ、それに触れまい、できれば、神を喜ばしたいという意識が強く働き、そこからしばしば行動（社会的施策）が導かれたのである。彼らがイメージとして抱いた神は、おそらく容赦なく神罰を下す神（旧約聖書の申命記やヨブ記や詩篇にもとづく神）のイメージによるものであった。それは一四世紀から、それ以後ずっと「近世」を通じて――すなわち、一四世紀、一五世紀のルネサンスから一六世紀の宗教改革、さらに宗教戦争の一七世紀を経て、最終的に、一七二〇～一七二一年のマルセイユのペストをもって、ヨーロッパからペストが消滅する一八世紀初頭まで(1)——リアルに生き続けるのである。まさに四世紀間に及ぶ「ペスト期」において、共通した神観念、神のイメージが心性的に生き続けたと思われるのである。この意味で、「ペスト期」は、人びとがほぼ同質の神のイメージを抱き同質の心性を抱いた「ひとつの時代」であったかもしれない。

　具体的に見ると、例えば、筆者が、近世初頭、すなわち、ルネサンス期フィレンツェの政府の施策に関する拙稿（二〇一三年）で立証したように(2)、ペストの脅威がもたらす厳格な神についての観念——《峻厳な神》の意識——は、都市の諸々の政策や判決や慈善行為などに、広く強く表出されており、その姿勢のなかに相互に有機的に結びつく関連性が認められるのである。さらに神の冒瀆者への激しい迫害が顕著となる。そして、それはフィレンツェについて言えるだけではなく、次に示すドイツについても、さらに西欧全般についてもいえることである。つまり、旧約聖書に認められる峻厳な神は、《啓蒙思想の成立》の直前まで、ペストの流行とともに、実にリアルに生き続けるのであった（——ことによると、ひとつに、ペストが消滅したことが啓蒙思想の成立する条件のひとつであったとさえ思われる）。

　本稿の研究の視点は、一六世紀の時代（近世）に抱かれた神観念、《峻厳な神》のイメージである。本稿では、ドイツのマルティン・ルター（一四八三〜一五四六）の宗教改革の一要因について考察したい。ルターについては別のところで少し論じたが(3)、その内容を含めて、この観点から、ルターの時代の疫病の状態と同時代人の心性と当時の神学的潮流のなかにルターを位置づけてみようと思う。ルターの時代の心性史的な位置づけは、一二世紀・一三世紀の神観念（第一章から第二章）と一四世紀・一五世紀の神観念（第三章から第四章）を歴史的に性格づけて、それと比較することで浮かび上がるものである。

第二節　人びとの心性の共有から見たルター

ルターの宗教改革の思想の成立の背景については、多くの研究者によってこれまで様々に論じられてきたが、本稿では、一四世紀から一六世紀のペストの発生によって生じた恐るべき神への畏怖の念、すなわち、《峻厳な神》の心性が若いルターに及ぼした影響という観点を中心に歴史的に見てみたい（従来、神学におけるルターの傑出した個人的な能力があまりに強調された嫌いがあり、これは、もっとトータルに社会史的、歴史学的にルターを位置づけようという視点から、前世紀末と今世紀に修正されつつある）。

私見によれば、若きルターは、人びとと峻厳な神を共有したことから、彼もまた時代の子であり（心性の共有）、さらに、時代の子として、今度は、托鉢修道士という指導的存在として、みずからと人びとのために、納得できるかたちで真の救済を求め、救済への糸口を探し求めた。彼は、神への畏怖のもとで不安を抱く人びとを救済に導くために人びとに光を与えようとした。それゆえにこそ、ニュルンベルクなど多くの地域で認められるように[4]、広く人びとから共感と支持を得たと理解される。

はじめに本稿のルターについて主張のポイントをいうならば、《主としてペストに象徴される《峻厳な神》への恐れは、ルターにおいて宗教改革を刺激する重要な要因のひとつとして作用した》ということである。これまで私がイタリアについて論じてきた観点は、そのままドイツについても有効である。

では、なぜ《峻厳な神》なのか。黒死病は、(我々、こんにちの日本人の多くの者が思うような)単なる「災害」ではなかった。それは、宗教的な意味を帯びており、神の怒り、神の罰と見なされたことからまさに「宗教的事件」であった。だから宗教的な意識から人びとは反応した。黒死病は、宗教的意味が濃厚な出来事ゆえにこそ、年代記作家(聖職者・俗人両方による)の強い関心と反応を引いたのである[5]。それが繰り返され、無残な大量死がもたらされることによって神の峻厳さ――《峻厳な神》――のイメージは、ドイツにおいても人びとの心性に深く刻み込まれ、こうして容赦なく次々と黒死病の矢を放つ「怒れる神」に人びとは畏怖したのであった。もともと一四世紀初頭の頻発する飢饉や、さらに決定的には、一三四八年頃のペストの時代から、直感的に宗教的な「不安」は抱かれていた[6]。すなわち、人びとの信仰心

図 3　メナブオーイ《全能の神》1376～78　フレスコ画　パドヴァ洗礼堂のクーポラ（部分）

パドヴァの画家メナブオーイは、14 世紀後半の大規模ペスト期にふさわしく神の峻厳さと厳格さを全面に打ち出して制作した。ここでの神は次々とペストの矢を放って罰する《峻厳な神》である。これは、ペスト前の、14 世紀初頭のジョットのバランスと構成感と人間的暖かさをもった絵画とは別世界である。

図 4　ミッコ・スパダーロ《1656 年の疫病の時のナポリのメルカテッロ広場》

1656 年のナポリのペストは、ナポリの人口の 60 パーセント前後の人びとを死に至らしめた。この絵では、この有り様を天上で見下ろす神は、人間に対して怒っている様子が見て取れる。

が足らないこと、神への畏敬の念の不足が、神を怒らせているのではないかと考えられた。さらに一六世紀になっても、ルターがみずからもいうように、疫病は、「神が信仰のために恐怖をお使いになる[7]」結果とみなされた。そして、この恐怖におののいた一四世紀から一六世紀のドイツやイタリアの多くの人びとは、政策・立法・司法等で、《神の法》（石坂）の観点のもとで[8]、自分たちの犯した罪の贖い（贖罪）の必要性を自覚し、どうにかして神をなだめ、神を喜ばそうと手立てを講じていたのである。

今やイタリアに限らずドイツにおいても、一四世紀から一五世紀、さらに一六世紀の人びとにとって神のイメージは、一二世紀・一三世紀の人びとの場合と比べると、（もちろん共通部分はあるものの）本質の部分において大きく変わってしまったのである。ドイツの研究者P・ディンツェルバッハーのことば――彼は、ほんのひとことしか述べていないのだが――を借りると、一二世紀・一三世紀には、「神は、主として慈愛深い、愛に満ちた穏やかな神、一言で言えば、《善き神》であった」[9]。神は、その時代において、人びとに恩寵のイメージを与えたのである。では、まず先立つ一二世紀・一三世紀の《善き神》の時代を見てみよう。

注

(1) F. Mauelshagen, "Pestepidemien im Europa der Frühen neuzeit（1500-1800）", in Mischa Meier（Heraus-

geber) *Pest : Die Geschichte eines Menscheitstraumas,* Stuttgart, 2005, S.261-262.

(2) 拙稿「《峻厳な神》とペスト的心性の支配――一五世紀フィレンツェの立法・政策・判決に心性を読む――」『人文学』一九一号　二〇一三年　三一～一四二頁。

(3) 拙稿「ルターの宗教改革はどうして起こったか――《キリスト教信仰》と《学問・理性》の関係から見る――」『文化学年報』第六三号　二〇一四年。

(4) P・ブリックレ（田中真造、増本浩子訳）『ドイツの宗教改革』教文館　一九九一年　一五〇～一五四頁。

(5) ドイツにおける一例を挙げると、次のものがある。佐々木博光「黒死病の記憶――一四世紀ドイツの記述――」『人間文化研究収録』第一三号　二〇〇四年　一～一七頁。イタリアについては、拙著『イタリアの黒死病関係史料集』刀水書房　二〇一七年　第一～二部参照。

(6) D. Rippmann, "Angst zur Zeit der Grossen Pest : Italien 1348", *Historisches Seminar der Universität Zürich,* S.2-4, 2009 ; W. C. Jordan, *The Great Famine : Northern Europe in the Early fourteenth Century, Princeton,* 1996, pp.22-23 ; R. S. Gottfried, *The Black Death,* New York, 1983, pp.28-30.

(7) R・H・ベイントン（青山一浪、岸千年訳）『我ここに立つ　マルティン・ルターの生涯』第三版　聖文舎　一九六九年　三八九頁。

(8) 拙稿「《峻厳な神》とペスト的心性の支配――一五世紀フィレンツェの立法・政策・判決に心性を読む」　六〇頁。

(9) P. Dinzelbacher, "La divinità mortifera," *La peste nera : dati di una realtà ed elementi di una interpretazi-*

one, Atti del XXX Convegno storico internazionale, Todi, 10-13, ottobre. 1993, p.142.

第二章　《善き神》の支配と一二世紀・一三世紀の時代
——ペストに先行する安定の時代——

《アイゼナハのルターハウス》15 歳になる 1498 年、ルターはこの家に住んで、アイゼナハの聖ゲオルク教区学校で 4 年間学んだ。1501 年 4 月からエアフルト大学で学んだ。

一二世紀・一三世紀は「中世温暖期[1]」であり、気候に恵まれていたために作物が豊かに収穫され、その余剰生産物が商業の発展と商人の都市の発展を刺激した。D・マコーレイは、ゴシックの大聖堂がその象徴であるとして、この時代の背景の経済的な状況についてこう記している[2]――「一三世紀は神の恵みにあふれる時代でした。戦争もなければ、流行病も過ぎ去ってしまい、気候が良く農家は豊作で食物は十分にあり、町の商人たちも繁盛していました。人びとは、このしあわせに対して、またこれからもとくに神に目をかけてもらえるよう、神に感謝したいと思いました」。このように、商業の活況を背景に、都市が隆盛して、富と人口増加が時代を特徴づけたのである（――といっても、M・モラの指摘するように、この時代でも時々飢饉が発生し、人びとを苦しめた[3]。一二世紀・一三世紀の富は、前の時代などと比べてあくまで相対的に恵まれていたのであり、あまり強調しすぎてもいけない）。そして、当時、西欧にとって「先進国」であったイスラーム世界から流入する高度な科学と理性の学問が時代を支配し、その優勢のもとでトマス・アクィナスなどのスコラ学者が時代の心性を象徴した。それは、膨大な量の『神学大全』の執筆のエネルギーになったものかもしれない（――このあたりのアクィナスの初期的な心性――執筆の直接的な動機・心性――がもっと明るみにされるといいのだが）。

安定したこの時代では「形式」が重視された。一定の形式は安定を保証する鍵であり、その象徴であるからである。神学においては、真理は、三段論法の段階的な形式を踏めば手中に収められるように思われた。教会の形式、すなわち、典礼が重視され、例えば、終油の秘跡という形式を踏んだ者は、たとえ悪事をおこなった者でも、地獄に堕ちることなく、いつかは必ず天国にいくことができるとされた。また、信徒に不安を与えまいという観点から、たとえ内面的（霊的）に欠陥のある聖職者であっても、形どおりにおこなわれた秘跡は、機能主義的に考えて有効とされた。こうした見方は、物事が順調に進んでいる時代背景のもとで根付くものであり、ごく一部の地域においてカタリ派のような例外的な考え方もあったものの、基本的には、総じてあまり疑問視されなかった。

西欧の一二世紀・一三世紀という、それ以前と比べればずっと明るさと安定を増した時代のもとで、人口は倍加し、そこで醸成された心性は特別な傾向の考え方をもたらした。その心性が生みだしたもの、あるいは、定着させたものとして、次の三つ（または四つ）が挙げられるだろう。なお、私は、以下において、それらを《善き神》のもとでうまれたり育てられたりした同質のものとして総合的かつ有機的に並列させるが、このまとめ方は、従来なされていなかったように思う。

第一節　安定の時代がもたらした第一のもの――煉獄の誕生・普及――

まず、第一が《煉獄の誕生》である。これは聖書の記載に根拠をもつものではなく、この一二世紀・一三世紀の創造物である。煉獄とは、死者が生前に罪の償いを果たしていない場合、その罪が死後の苦しみによってあがなわれる場所であり、ここでの浄化を済ませてこそ、霊魂は汚れなく天国に行くことができるとされ、さらに遺族らの第三者の供養は死者の煉獄での苦しみの軽減や滞在期間の短縮に有効とされた。地獄に堕ちれば、そこで永遠に劫罰を受け、もはや抜け出すことはできないが、ともかく煉獄に行った者は、各人の生前の罪の償いや善行に応じていずれ天国に行けると考えられた。煉獄には、聖人でもなければ、極悪人でもない中間的な普通の人間が行くとされ、中世後期以降の人びとにとって大きな関心の場となった。

しかし、地獄に堕ちずにともかく煉獄へ行くには条件があった。それは、死の前の改悛、すなわち、終油の秘跡を済ませておくことが必要であった。ここで聖職者を伴う形式が要求されたが、一度その形式が果たされるや、いつか天国への到着がなされることが保証されたのである。ここには、《教会側の思惑、すなわち、実入り》と《信徒側の救済志向》との合致、すなわち、ギブ・アンド・テイクが成立していた。

ル・ゴッフによれば、死後、罪が来世で浄化されるという考え方、また、中間的な人びとにとって過渡的な段階の世界があるという考え方、さらに、死者の霊魂の救済に供養によって生者――第三者――が関与できるという考え方は、突如として生まれたのではなく、それに近いものは、すでに初期キリスト教の神学者（アウグスティヌスなど）や民間信仰などにも垣間見られていて、それはさらにキリスト教以前の宗教にさえルーツがあり、非常に長い歴史をもっていたという。しかし、「煉獄」ということばは成立していなかった。ようやく浄罪の世界の場に対して文書で「煉獄」ということばを用いて表現するようになったのは、一二世紀末――具体的には一一七〇～一一八〇年頃である。それは――クレルヴォーのニコラウス（一一七六／一一七八没）の書いた文書などのなかで認められるという(4)。そして、一三世紀の公会議（一二七四年の第二回リヨン公会議）などで正式に宣言されるに至ったものである(5)。

この煉獄という場所（天国・地獄に次ぐ「第三の場所」）は、まさに人を「救済する」ことを目的につくられた場所にほかならない。これは、せっせと教会に通い奉納や寄進をする信徒に対して、対価として教会が与えた飴である。奉納や寄進の相手は、主に、今をときめく托鉢修道会の教会であった。例話などによって煉獄を人びとに強く意識づけた托鉢修道士は、後にペストによって人びとの間に高まった煉獄意識の高揚とともに、時代をリードした。

煉獄のイメージは地域差があったが（アイルランド、イングランドなどの北欧では地獄に近く、南欧では天国に近かった）、煉獄が誕生したものの、まだ普及していなかった時代では、煉獄は概して地獄のイメージが強かったようである[6]。この意味で誕生したばかりの一二世紀末と、それが急速に普及する一三世紀とでは大きな隔たりが存在する。――一三世紀は、まさに托鉢修道会の世紀であった。一三世紀において托鉢修道会の運動は目を見張るものがあるが[7]、彼らは、説教や例話で人びとに煉獄をイメージさせたと考えられる。

例えば、煉獄がまだ生まれたばかりであまり普及していない一二世紀末のある例話では、救済の道は、はるか長い道のりだったようである。その例話によると、カンタベリー大司教であったトマス・ベケット（一一七〇年没）（一七七三年列聖）の殉教したのとちょうど同じ日に、この世で三三〇〇人が死んだというが、直接天国に行った者は、トマス・ベケットとあと二人だけ、煉獄へ行った者は三〇人だけ、残りは地獄行きだったという。この例話では多くの人びとは地獄をイメージせざるを得なかっただろう（この例話には信徒への脅しの意図があったのかもしれないが）[8]。この厳しい状況は、煉獄が普及するとともに、緩和される。これに、後述する秘跡の普及が援助することになる。煉獄の普及は、中世温暖期の気候による富と人口の増大する時代を反映して、ペシミズムと涙の谷間から訣別する方途であった。

第二節　安定の時代がもたらした第二のもの――七つの秘跡の普及――

一二世紀・一三世紀の心性がもたらした第二のものは、《七つの秘跡》の定着・浸透である。以前の時代と比べてずっと明るくなった時代背景のもとに、霊魂の救済を導くカトリックの《七つの秘跡》（終油のほかに、洗礼、堅信、婚姻、聖体拝領（ミサ）、告解、叙階）が広く普及し、人びとは、ミサによって日々贖罪をおこない、人生のいくつかの段階（洗礼、堅信、婚姻、終油）で聖霊のご利益を受けることができた。聖職者に従ってこうした秘跡を受けた者は、いずれ必ず天国に行くことができると信じられた。この秘跡の形式の普及によって、今や《天国へ行く道筋》がはっきりと人びとに見えてきたのである。安定の時代では、天国への道筋は観念的な説明ではなく、目に見える形式を踏むことによって納得されたのであろう。教会法で形式が整備され、典礼や年間の行事（教会暦、祝祭日の設定）が規則化されていっただろう――儀式の神聖さや格式を高めるために、例えば、音楽（楽器や様式のあり方、各種典礼に応じた音楽や合唱・歌詞のあり方）や、美術における聖人の「持物（じもつ）」や機能のあり方のほかに、各種の典礼に応じた司祭の式服の色の使い分け、告解の秘跡などに使用する「ストラ」（首から胸に垂らす帯）の色やかけ方、聖水・聖体（ホスティア）・お香・聖杯・聖餐皿・聖体ランプ・ロザリオ（数珠（じゅず））・聖櫃・聖具室などのあり方や使い方、聖史劇のあり方など、詳細な事柄が時代とともに規則化されていっただろう。この頃の公会議（一二一五年のラテラノ公会議）も、教令を発布して、告解の秘跡を信徒に義務づけてその普及を図った。こうしたことが、地域差の激しい西欧において、どれだけ徹底できたかは分らないが、巡礼による文化の交流や教会が公布する通達文書の増加などが有効であっただろう。

終油の秘跡については、特別の装置が考え出された。すなわち、終油の秘跡で用いられるオリーブ油は、復活祭の朝に特別に聖別されて採取したオリーブ油が用いられた（図5「ミラノのサン・バビラ（Babila）聖堂の聖香油」）。

図5　病者の塗油用の聖香油の収納棚（ミラノのバビラ聖堂）

こうして、終油の秘跡さえしておけば、まずは地獄行きを免れることができると教えられた。一四世紀初頭のウルスカンのオドの弟子たちによれば、急死によって告解の時を得なかった魂や、終油の秘跡において司祭の命じた罪の償い（宗教的遺贈のこと）をしなかった者を除けば、「中程度に善良なる者が直ちに煉獄に入るのである(9)」という。

終油の秘跡をおこなうとともに、贖罪の最後のチャンスとして、遺産を用いた喜捨や慈善行為や「供養ミサ」（「追悼（追善）ミサ」「死者ミサ」「レクイエム」「私誦ミサ」ともいう）の実施が遺言書のなかで明確に約束されたのである。中世後期以降における遺言書の定着は、家族への相続（世俗的要素）だけではなく、このように、宗教的要素をも帯びたものであった。遺言書は、いわば「死後世界へのパスポート」(10)として、終油の秘跡と煉獄の考え方と密接につながっていた(11)。死を前にした重病人の家には、医師や司祭が来たが、同時に遺言書を作成するために公証人や証人もやって来たのである。中近世において、ふつう、「医師」・「司祭」・「公証人」の三者は、臨終の者を前にし、相互に密接に関わった。

第三節　安定の時代がもたらした第三のもの
――聖母崇拝ととりなしの高まり――

第三に《聖母崇拝》（聖人崇拝）が同じく定着した。それはすでに存在していたが、一三世紀後半の『黄金伝説』(12)などの聖人伝や数々の説話、例話(13)、絵画、聖歌を通じていっそうしっかりと定着した。人びとにとって、最頂点に立つ神はあまりに偉大すぎた(14)。しかしその下に位置する存在なら近づけた。こうしてまず聖母や聖人（天使も含む）がいた――聖人は、民間信仰においては頼みやすい存在であり、また、祈願内容に応じて分業する多くの聖人がいた。また、地域特産の聖人が非常に多くいた（中世は地域中心の時代だった）。その場合、その地域を離れると、その聖人のご利益が解消されてしまうこともあった（聖人崇拝の視覚的形態である聖遺物も地域限定、つまりその地域でしかご利益がない場合もあった[15]）。治癒については、体の部位に応じて聖人がいた。個々の聖人がとりなしの末端に位置する「支店」なら、聖母は統括的に最上部に位置する「総本店」であった。人が罪を犯しても、聖母や聖人が神に「とりなし」をしてくれ、結局は罪が赦されると信じた。それはまことにありがたい存在であった。

こうした民間信仰は人間の世界ではふつうのことであり、洋の東西を問わない。京都の西山の勝持寺（花の寺）には、病気の部位を撫でるとその箇所が治るという「なでぼとけ」（図6）が本堂の外に置かれている。これはわかりやすい民衆的な信仰形態である。

この《聖母崇拝》《聖人崇拝》の考え方を推進させたのは、教皇と教会の手兵となって活躍した托鉢修道会である。托鉢修道会には、フランチェスコ修道会、ドミニコ修道会、アウグスティーナー（アウグスティノ）隠修士会、カルメル修道会などがあった。特にドミニコ修道会は、《聖母崇拝》をスローガンに大々的に掲げて聖母の慈愛をアピールした。秘跡の普及と煉

図6　なでぼとけ（鬢頭盧尊者）京都西山の勝持寺そばの解説にはこうある――「仏教を守ると誓った、インドの一六羅漢の一人です。日本では常に本堂の外におられ、病気のある所を撫でることによって治る、と言う信仰があり、『なでぼとけ』とも言われている。悪い所、良くなってほしい所を、お互いに撫でてください」。患部に直接触れることが治癒につながる――これは、極めてわかりやすい民間信仰の典型であろう。

獄と慈善の普及とともに、聖母崇拝によって、まさに一三世紀は托鉢修道会の世紀である（さらに一四世紀も一五世紀もそうかもしれない）。彼らは、ヨーロッパの都市を中心に、俗人の救済のために日々秘跡を施して活躍した。彼らは従来の修道士のように労働で自活せずに、説教と秘跡をし、改悛した信徒が差し出す施しで生きた。信徒のこころをゆさぶり、改悛させることが務めであった。彼らのおかげで、一三世紀に至って、（相対的に見て）日常的、民衆的レベルでヨーロッパがようやくキリスト教世界になったという見方もある（――その一方でル・ゴッフは「一五〇〇年の頃でも、キリスト教国はまだ布教活動中の国であった[16]」と書いている）。

托鉢修道士は、富者のこころをつかんだ。もともと聖書のキリストのことばによると、金持ちは天国に行けない（「金持ちが天の国に入るのは難しい。金持ちが神の国に入るよりも、らくだが針の穴を通る方がまだ易しい。」（マタイ第一九章二三―二四ほか））。托鉢修道会は、天国に行けないはずの金持ちに、どうすれば天国へ行くことができるかを、具体的方法をもって教えた。それは貧者に施しをして援助をすることである。また、高利を得て貪欲の罪を犯した者には、死の直前に「不当利得の返還」を教会に支払わせ、良心の呵責を取り除いてやった。このようにして托鉢修道士は、都市の支配者である富裕者のこころをつかんだ。こうした対処は、躍進する托鉢修道会にとって重要なことであった――イタリアの場合、托鉢修道会は、一二二〇年代から一三〇〇年までの八〇年間のうちに、イタリア中に約五〇〇もの托鉢修道会の教会を建築してしまったが、それが可能だったのは、都市の富裕層のこころをつかんだことにほかならない[17]。

一二世紀・一三世紀の時代の人びとにとって、こころに抱く神は、この時代に隆盛したゴシック大聖堂などの教会の色彩豊かなステンドグラスに象徴されるように、光り輝き、至福の天国を意識させる存在となった。大聖堂は、俗人と聖職者がともに一緒になって築いたもので、都市に住むほとんどあらゆる階層の人びとの救済を目指すものであり、同時に都市の威光の象徴でもあった。この時代の人びとは、旧約聖書の不遜なバベルの塔の話も恐れず（あるいは忘

図 7　《全能のキリスト》 1148 年、モザイク、チェファルの大聖堂

図 8　《聖母子像》 1280 年頃　トスカーナ地方
ポルディ・ペッツォーリ美術館、ミラノ

れて)、人をあっと言わせようと、天空を目指した非常に高い建造物を構築した。そこでは神は、仲介を要するものの慈愛深い、愛に満ちた穏やかな神、一言で言えば、「善き神」としてイメージされたのである。図像や彫像の多くにおいて、キリスト像は、かつてモザイクで表現された教会の天井から威圧して見下ろす巨大な成人のキリスト像など——例えば、シチリアのチェファルの大聖堂のモザイク図7「《全能のキリスト》(一一四八年)」——ではなく、慈愛の聖母に抱かれた幼子、ほほえましい存在——例えば、図8「《聖母子像》(トスカーナ地方)一二八〇年頃(ポルディ・ペッツォーリ美術館、ミラノ)」——として表現された。今でもヨーロッパを歩くと、一三世紀頃ののどかな聖母子像の彫像にしばしば出会う——その制作された聖母子像の量はおどろくべきものであっただろう。聖書にも、また教父の書物(中世初期)にも記載されていないこの聖母子のあり方の解釈は、時代状況がキリスト教のあり方を形成する一例である。

そして、さらに注意すべきことに、この時代においてカトリック教会は、人びとを広くキリスト教化しようという観点から、すでにあった民間信仰的なものを寛大に吸収して民衆を取り入れようとしたように思われる。もともと、中世の初期のグレゴリウス一世(在位五九〇〜六〇四)は、異教徒の改宗において、《異教の細部の要素は性急に抹殺してはいけない。まず洗礼を施し、徐々にキリスト教化せよ》と諭している[18]。このように、民間信仰の尊重の姿勢

図９　ミラノ大聖堂の聖人像

は、遠い過去から存在しており、中世後期の新たな「産物」とはいえないが、既に述べた三つの「産物」を根底から補強し、推進する要素となった。先に述べたように《煉獄の誕生》には、祖先に対して生者の働きかけを尊重する民間信仰の要素があったように、《聖母崇拝》もまたキリスト教以前の地母神信仰の要素をもっていた。また、《聖人崇拝》も、古代の英雄や多神教的要素を継承した要素が認められる。ミラノの大聖堂（図９「ミラノ大聖堂の聖人像」）には外壁だけでも二〇〇〇体を越える聖人像が据え付けられている――聖人によって守護されているというべきか。ここでは民間信仰のエネルギーがカトリックの聖人に結集している。

聖人による《とりなし》の考え方そのものが、いかにも当時の封建社会の上下関係を反映したものである。聖書にこの考え方は見出しにくい。さらに教会暦の個々の行事（聖誕祭や復活祭など）の設定も、冬至や春分など、季節性を重視したキリスト教以前の農業社会の風習が生きており、カトリックがいかに民間信仰的なものを積極的に取り込んでいたかがわかる。

もちろん教会は、時代とともに、キリスト教的教義の立場から、自然崇拝の民間信仰的な風習を徐々に禁じていくようになる。その風習はしばしば干魃など、天候の悪化した際におこなわれた。例えば一一世紀のドイツのある地域では、長く雨が降らないと、異教時代以来の魔術的風習である雨乞いが行なわれていたという（その事実がわかるのは「それを禁ずる」と贖罪規定書に書かれているからである）。その風習では、大勢の女性たちがひとりの少女を全裸にして村はずれに連れて行き、そこで《ベリサ（belisa）》と呼ばれる草を探して、それを全裸の少女に持たせて、さらに川の近くで彼女に水をかけて呪文を唱えた。それから少女は、「カニのように」後ろ向きに歩いて村に戻ったという。教会は、こうした風習を段々と抹殺にかかったのである。教会は、こうした風習や行事を贖罪によって禁じていったのである。こうして、カトリック教会は、異教の風習に聖人を対置させた。宮庄哲夫はこう言う——「（カトリック教会は）聖人たちの豊かな信仰の宝（功徳）をもって教会に連なる人々を救いへと導くことができるとし、その意味でも《教会の外には救いはない》（extra ecclesiam nulla salus）。この世の救済機関として、神と人とをとりなす無比の存在であった。神と人との間に教会が位置づけられた中世の信仰世界では、人は教会と教会が認定（列聖）する聖人を媒介として、神と救済に与ることができたのである」(19)。

第四節　カタリ派との対決から再確信したもの
――カトリックの民間信仰と包容力――

以上で述べたカトリックの産物やそれに準じたものに対して、ことごとく対決する教えが一二世紀に生まれた。それが、一二世紀後半から南フランスなど特定の地域で興った過激な「異端」運動であり、カタリ派と呼ばれた(「異端」の中心が都市アルビであったことから、アルビジョア派とも呼ばれた)。しかし、このカタリ派の存在は、結果的に、大衆的な要素を持つカトリックの長所をむしろ浮き立たせ、それを優位に加速させるように作用したとさえ思われる。カトリック教会は、もともと包容力のある民間信仰的要素をもっていたが、カタリ派の運動を契機としてむしろそれをいっそう浮かび上がらせて、この「異端」と対抗する強力な戦力としてしまったように思われる。このことについて、次に論じよう。

カタリ派の運動は、私見によれば、この時代に広がった「富」に対する不安から反応した逆説的な運動であると見なせる――つまりキリストは天国に行けるのは貧しき者だと教え、富を悪と見た。キリストはらくだの針のたとえやラザロの話(ルカ第一六章第一九節〜第三一節)

などで訴えた。富は地獄、清貧は天国と結びつけた。それゆえにこそ、カタリ派は、《清貧》を旨としたのである（これはアッシジのフランチェスコの清貧重視の本質にもいえる）。さらに、すべての者に修道士がおこなうような戒律を一元的に要求した（一方、カトリックの方は、聖職者と俗人とに分けて、戒律は修道士の方のみに課される）。特徴的なことに、カタリ派においては、そのように一種のエリート主義の傾向が強かった——つまりカタリ派は、《戒律を遵守せよ。ごく一部の者しか天国に達し得ない。しかも、そこに誰が達するかわからない。戒律と信心しかない》と考えた。さらに、カタリ派は、《清貧》を重んじるとともに、頑ななまでに「性欲」を禁忌することから、交尾によって生まれたがゆえに獣肉を食べず、菜食を中心とした[20]。こうして彼らは非婚さえ要求した。

また、カトリックにおいて、一二世紀末に誕生し、一三世紀に普及した煉獄については、カタリ派は、そのようなものは存在せず、死者の供養は無効であると考えた（——異端の一派「ワルド派」も同じ考え方をした[21]）。そもそも生前の罪が死後に赦されることはありえないと、後のルターのような考え方を展開した。さらに、カタリ派は、キリストのために努める生者にとって聖人・聖母の崇拝は無効である。そもそも聖人が生者のためにとりなしをして祈るようなことはありえない。「救済される者」、「救済されない者」、それはすでに決まっていると考えた（これもプロテスタントの「予定説」の考えと一致している）。カタリ派においては、ちょうどルターの神学のように、理詰めの一貫した神学理論の要素が強く、そこでは民衆的な信仰様式の多くは否定されている。こうして、カタリ派においては、救済はごく一部の人に与えられた。救済は閉鎖的ないし限定的であった。

一方、カトリックにおいては、「異端」に反発して、救済は（形式を踏む限り）すべての者に開放されていると説いた（これはクレルヴォーのベルナルドゥスの雅歌についての説教からもわかる(22)）。ここでカタリ派は、むしろカトリックの抱いた確信を加速させるように作用したかもしれないのである。カタリ派は、ひとつに、物理的にはフランス王の軍事力によって壊滅させられたが、ひとつは、カトリック側の教義的な戦力によって壊滅させられたといえるかもしれない。すなわち、教義的な戦力とは、カトリック側の教義、つまり救済が広く人びとに向けられた高い開放性の教義にもとづくものである。――カトリック陣営は、手兵の托鉢修道士を都市に配置し、「富者は貧者に慈善を施すことによって、みずからの罪を解消できる」と指導させて救いを与えた。こうして、煉獄を広く受容させることによって、死後における罪人の浄罪の可能性を教え、死者に対して生者が祈り、死者の罪の浄化に関与できることを教えて、天国への段階的上昇を教えたのである。さらに、人びとが、例話・聖人伝・絵画・聖歌を通して、また巡礼による聖遺物（聖人の遺物）を通じて、聖母と聖人や教会のとりなしを祈願することで、人びとが犯した罪は神によって軽減されたり、解消されたりする大きな可能性を教えたのである。――そもそもカトリックの教会そのものが、ほとんどすべて聖人に奉納され、聖人の名前を冠しているのである（「聖ヨハネ」教会、「聖ペテロ」教会というように）。

こうして托鉢修道会は、信徒がみずから体で日々感じる実感として、民衆的な基盤、民間信仰をある程度まで受容しながら、新築されたばかりの托鉢修道会の教会において、日常的に七つの秘跡、特に終油の秘跡の形式的実践を提供した。これによって都市の人びとを心底から救済の確信へと導いたのである。これは信徒に提示された「希望」であり、「飴」であった。もちろん安易にそればかりではなく、他方で「鞭」――煉獄・地獄――も提示された。「教会は恐怖と希望を交互にかき立てて、人間が恩寵の手段を利用するについて、あまりにも安易でありすぎたり、反対に、あまりにも自信を失って硬くなりすぎないようにと図った(23)」（R・ベイントン）

なおそれぞれの地域には、教区教会と教区司祭が存在したが、魅力的な説教など勢いのある托鉢修道士を前にして、完全に圧倒されて、司祭不在の教区や司教不在の司教区も少なくなかった（これが問題視されるのはルター問題を扱った一六世紀半ばのトレントの公会議においてであった）。もともと教区教会はペストによる人口半減で信徒からの収入も半減し運営に窮した。

《善き神》のもとで築かれた中世後期の三大構築体、すなわち、ゴシック建築、『神学大全』、（少し遅れるが）『神曲』、この三者は、それぞれ神を中心軸にして、宗教的合理主義のもとにそびえ立つ壮大な構築体であり、その段階的な積み上げられる構成、内的な整合性をもって築かれた中世後期の三大遺産、三大シンボルであるといえよう。

注

(1) W・ベーリンガー（松岡尚子ほか訳）『気候の文化史』丸善プラネット　一〇六頁。

(2) マコーレイ（飯田喜四郎訳）『カテドラル――最も美しい大聖堂のできるまで――』岩波書店　一九七九年。

(3) M. Mollat, *I poveri nel Medioevo*, Paris, 1982, p.180.

(4) ル・ゴッフ『煉獄の誕生』二四二～二四三頁。

(5) 杉崎泰一郎「煉獄」『岩波キリスト教辞典』二〇〇二年。煉獄とクリュニー修道会については、同『一二世紀の修道制と社会　改訂版』原書房　二〇〇五年　第一部。

(6) マルクス、ヘンリクス（千葉敏之訳）『西洋中世奇譚集成　聖パトリックの煉獄』講談社学術文庫　二〇一〇年。本書は「聖パトリキウスの煉獄」「トゥヌクダルスの幻視」を収める。いずれもアイルランドを舞台に描かれている。

(7) 拙稿「大規模ペスト期を生き抜いたプラートの商人ダティーニの「遺言書」――キリスト教徒のペストへの反応からその心性を探る――」「イタリアの黒死病関係史料集」（八）第二二章『人文学』

一八六号　二〇一〇年　二〇五～二〇九頁。

(8) グレーヴィチ、一四一～一四二頁。

(9) ル・ゴッフ（渡辺香根夫訳）『煉獄の誕生』二三四～二三五頁。

(10) ル・ゴッフ（渡辺香根夫訳）『中世の高利貸――金も命も』法政大学出版局　一九八九年　五一頁。

(11) 拙著（編訳）『イタリアの黒死病関係史料集』第二〇章。

(12) ウォラギネ（前田敬作、今村孝、山口裕、山中知子訳）『黄金伝説』1～4　平凡社　二〇〇六年。

(13) *Racconti esemplari di predicatori del due e trecento*, a cura di Giorgio Varanini e Guido Baldassarri ; t.1, t.2, t.3. Salerno, 1993.

(14) A. Gurevich, *Medieval Popular Culture : Problems of Belief and Perception*, Cambridge, 1988, p.54.

(15) R. Traxler, *Public Life in Renaissance*, Ithaca and London, 1980, pp.83-84.

(16) D. Herlihy, *The Black Death and the Transformation of the West*, ed. S. K. Cohn, Cambridge, 2001, pp.73-79.

(17) 拙著『苦難と心性――イタリア・ルネサンス期の黒死病――』（刀水書房）二〇一八年（出版予定）第六章（二）参照。

(18) Gurevich, *Medieval Popular Culture*, p.62.

(19) 宮庄哲夫「神と人間の関係」金子晴勇、江口再起編『ルターを学ぶ人のために』世界思想社　二〇〇八年　一五七頁。聖人崇拝ではなく、自然崇拝する少女の例は、以下による。Aron Gurevich, *Medieval Popular Culture*, p.82.

(20) 渡邊昌美『異端カタリ派の研究――中世南フランスの歴史と信仰』岩波書店 一九八九年 二五七～二五八頁。

(21) 池上俊一『ヨーロッパ中世の宗教運動』名古屋大学出版会 二〇〇七年 一一一～一一二頁。

(22) ル・ゴッフ『煉獄の誕生』二五三頁。

(23) R・H・ベイントン（平塚平・田中真造訳）『宗教改革』弘文社 一九六六年 二二頁。

第三章　《峻厳な神》とドイツにおける
ペストの流行

《疫病除けのミゼリコルディアの聖母》部分　1424年　ハノーファーのニーダーザクセン州立美術館「ここでは神が疫病の矢を降らせている」

第一節　立ちこめる暗雲――《人を死に追いやる神》――

ところが、今や神は、《善き神》から豹変して、《人を死に追いやる神 la divinità mortifera》（ディンツェルバッハー）となってしまったのである(1)（図10《疫病の神罰と慈悲の聖母》）。ペストがヨーロッパを襲い、大量の人びとの命が奪われてしまったのである。この意味で、一三四八年に疫病死したドイツの福者ヴィッティヘンのルイトガルト（一二九一～一三四八）のいうことばは痛切である――「神は、鶏を絞め殺すように、人びとを絞め殺すことを望んでおられる」(2)。まさに長く続くペスト期が始まったのである。

この畏怖の念のもとに、ドイツの人びとは、どうにかして貧民救済などの慈善活動、教会への寄進をおこなって神の怒りを鎮め、神との和解を回復しようとした。同様のことはイタリアでも認められた。一四一七年六月一五日のフィレンツェの都市政府の協同機関の議事録には、およそ次のような内容の市民の発言が認められる(3)――

《・・・疫病が迫っているので、神に対する我々の義務を認識し、我々の体制を守るための準備をする必要がある。まず、困窮して生活に困っている者たちに施し物を配給するべきであると考える。》

図 10 《疫病の神罰と慈悲の聖母》 1424 年、ニーダーザクセン州立美術館（元ゲッティンゲンのフランチェスコ教会所蔵）

研究者ディンツェルバッハーは、14 世紀になって神は《人を死に追いやる神》となってしまったと言い、さらにこう言う――「人間にとって神は近寄ることができない。なぜなら、神は仲介者を要求するからである」。ここではゲッティンゲン（アイゼナハとハノーファーの間に位置）の人びとは疫病の猛威を前にフランチェスコ会と聖母に、ただただとりなしを祈願するばかりであった（P. Dinzelbacher, “La divinità mortifera,” *La peste nera : dati di una realtà ed elementi di una interpretazione,* Atti del XXX Convegno storico internazionale, Todi, 10-13, ottobre. 1993, p.148.）

（アントーニオ・アレッサンドリ）

《今、飢え死にしつつある困窮者や貧民を助けること、これ以上に神を喜ばすものはない。》（マルシリオ・ディ・ヴァンニ・ヴェッキエッティ）

実に、これと同様のことはドイツの一五・一六世紀においてもまた広く認められた。例えば、ニュルンベルクの都市参事会は、次々と襲い来る神罰としてのペストに対処するために、一四八三年、一五〇三年、一五二二年に聖セバルドゥス教会、聖ローレンツ教会に対して、神に祈念して、「祈願行進」をすることを命じている。また、一五〇五年には、同じくこの都市の参事会は、公式見解として、「贖罪をなし、神を何よりも愛し、神を恐れ、神の掟を守ることが、最高の薬であり、最も確かな道の一つである」と述べている[4]。また、ハイルブロンの都市参事会も、同じ趣旨から一五〇一年から二三年の間に教会に祈り、行進することを命じている。また、一五〇五年、ニュルンベルクの女子修道院の管財人のS・トゥーハーは、ペストを免れるには、改悛をもって神に祈り、神と宥和することであると論じている。さらに、南ドイツのウルムの一四二六年の奢侈条令は、まさに《峻厳な神》を意識して制定されたものである——すなわち、その制定の目的は、「神が過度の自惚れや、そのために費やされる余計な出費を常に何よりも先に懲らしめ給うてきたことを考え・・・俗世で死をもたらす災厄や他の災厄とともに生じてきた重大な諸事件に鑑みて、神の栄誉と共同の利益と善のため」であった[5]。

また、ドイツ西部のシュパイアーにおいて制定された一三五六年の奢侈条令も、同様に冒瀆に怒った神の災厄を恐れて制定された旨が明記されている[6]——《我々は現在、損害がもたらされているのを認めた。この罪は神を冒瀆し、人々に有害であり、今やそのことは地震や大いなる災厄によって遍く明らかになり、その結果都市や農村の人々は苦しみ、肉体も財産も被害を被っているのである》。

第二節　一五世紀・一六世紀のドイツにおけるペストの周期性

まず、先に述べたドイツの人びとの《峻厳な神》の心性に対して作用したペストの広汎な流行と周期性を確認しよう。その心性は、当然ながら、一五世紀末（一四八三年）に生まれたルターの抱く《峻厳な神》につながるものであった。まさにルターは時代の空気を吸っていた。

はじめに一四世紀のドイツのペストの周期性については、ティーレマン・エルヘン・フォン・ヴォルフハーゲン（一三四七頃～一四〇二／〇六）が、リンブルクの年代記のなかで、「私は、四度の疫病をみずから見聞し、体験した」と言って、彼が生まれて間もない一三五〇年頃のペストのほかに、一三五六年、一三六五年、一三八三年、一三九五年の四度のペストについて記している[7]。周期は、ほぼ一〇年の間隔である。では、このペストは、一五世紀になってから、ドイツではどの程度の周期で発生したのであろうか。

表3「ドイツ中世都市のペスト流行」を見てみよう。この表は、約一〇点の史料や研究書を利用して、ドイツの一〇都市について、一三五〇年から一五二一年までの期間（約一七〇年間）に発生したペストの流行年を記載したものである（佐久間弘展による）[8]。この**表3**ではニュルンベルク以下の一〇都市が選ばれているが（第四章第一節の「ペスト流行関係地図」七

表 3　ドイツ中世都市のペスト流行

ニュルンベルク	アウクスブルク	ハイルブロン	ハノーファー	ヒルデスハイム	ブラウンシュヴァイク	マクデブルク	リューネブルク	ブレーメン	リューベック
	1350	1350	1350		1350	1350	1350	1350	1350
	1357	1358			1359	1357			1367
1377・79			1366		1366	1375	1375	1375-77	(1375)
	1380·81·89	1382・88			1383	1383	1382	1381·83·88	1381·83·88
	1398	1394・99	1398				(1397)		1396
1407	1402・07	1407	1404			1405			1405
	1420			1420			1420・21	1420・21	1420・21
1427	1429・30	1427	1428			1428	(1429)	1429	
1437	1438		1436-38	1439・40	1439			1438	
1451		1452	1450・52	1450・52	1452・53	1450	1451	1449・50	
1462	1462・63	1463	1463	1463	(1460)1463	1463		1464	
1474			1477	1472・73	1473	1474	(1474)		
1483		1482	1484	1484	1484	1483	1484		
1494		1493							
1505	1504・05	1502						1505	
	1511・12			1516	1516	1516	1516		
1519-21	1521								

四頁参照）、それはこれらの都市が史料に恵まれているからであろう。もちろん実際にはペストは、これらの都市だけに流行したのではなく、かなり広域に及んで、他の諸都市や無数の農村も襲った。また、この表に記載されていない時期でも、実際にはペストが流行した時期もあっただろうし、当時、たとえ文書に記録されてもその文書が失われたり、ペストの被害の程度によっては（今ではペストには慣れっこになっていたことから）年代記作家や日記作家によってペストの流行が無視・看過されたりした場合もあった(9)。この表は確かに大変参考になるものであるが、やや曖昧さや疑問点がある。この表では、所々に空白があるが（例えば、ブラウンシュヴァイクの一三八三年と一四三九年の間にはさまれた五五年間の空白）、それがペストの流行がなかったことを意味するものなのか（おそらくそうではないだろう）、「史料がなくて不明」を意味するものなのか曖昧である。具体的に見ると、ヒルデスハイムの場合、一四二〇年までペストが一度も発生していないことになる。リューベックの場合でも、一四二二年以降、一世紀の間ずっとペストが一度も発生していない――こうしたことは別の年代記作家の証言にも反するものである(10)。研究者Ｊ・ハルトヴィッヒ・イプスの研究（一九九三年）によると、次に示す時期に、ハンブルクやリューベックなどのシュレースヴィヒ＝ホルシュタインの地域は、ペストに襲われたという。（特に一四三三年と一四三八年～一四四〇年、一四六四年のペストは「大規模なペスト」であったという(11)）。

一四三三年　一四三八～四〇年　一四四八年（?）　一四四九～五一年　一四六四～六五年　一四八三～八五年　一五〇六年　一五一五年　一五二一年　一五二四～二九年　一五三二年　一五三七～三八年　※これによると、一〇六年間に二五年間発生。「四・五年」に一度の周期である。

また、この時期に作成された遺言書の数の多さもその事実を反映している。**グラフ1**「リューベックの遺言書の作成数（一四六二～一四六六）」は、一五世紀半ばの通常の年が三〇通から四〇通であるのに対して、ペストの発生した一四六四年には遺言書の作成の数が突出していることがわかる（一八〇通）。

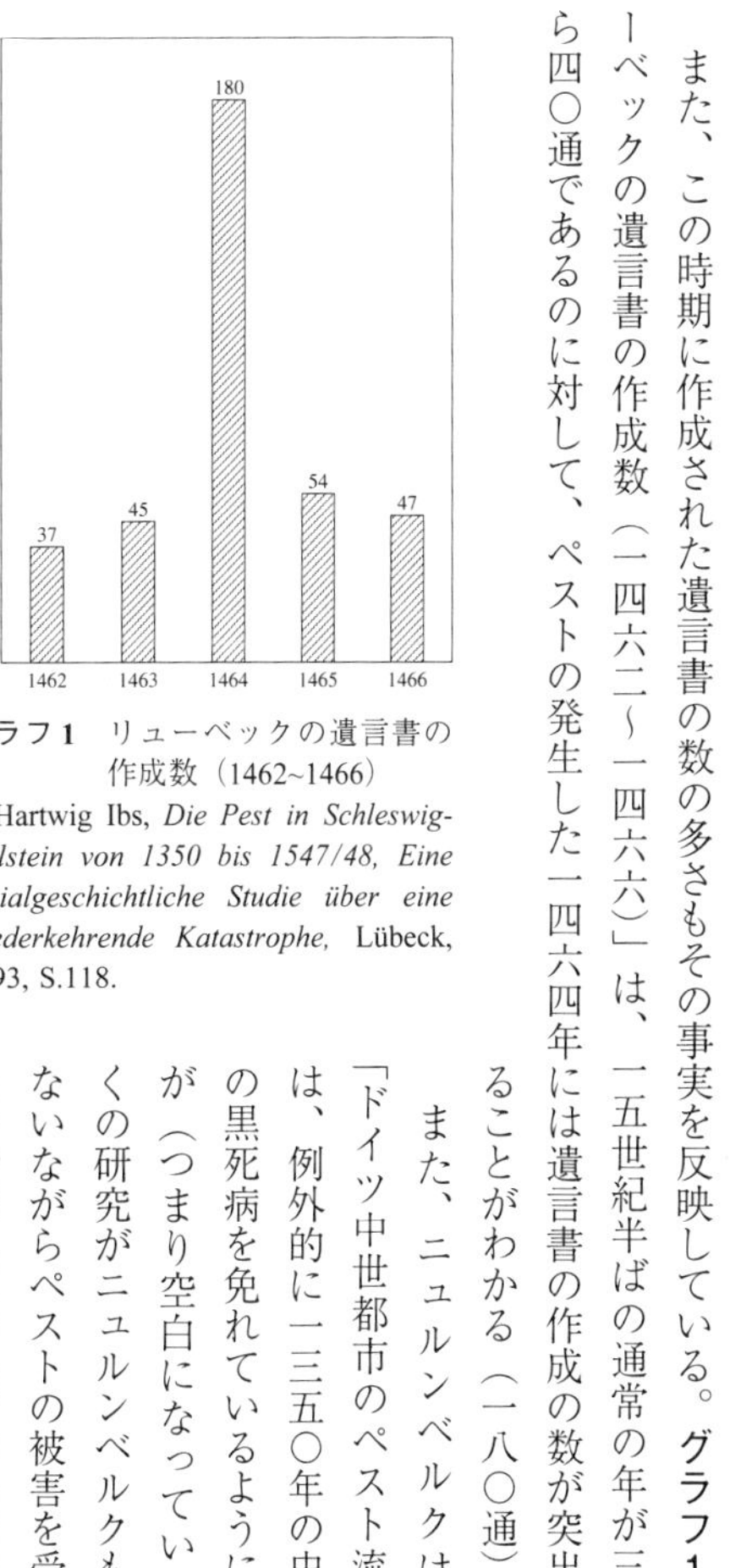

グラフ1　リューベックの遺言書の作成数（1462~1466）
J. Hartwig Ibs, *Die Pest in Schleswig-Holstein von 1350 bis 1547/48, Eine sozialgeschichtliche Studie über eine wiederkehrende Katastrophe,* Lübeck, 1993, S.118.

また、ニュルンベルクは、**表3**「ドイツ中世都市のペスト流行」では、例外的に一三五〇年の史上最大の黒死病を免れているように取れるが（つまり空白になっている）、多くの研究がニュルンベルクもまた少ないながらペストの被害を受けたことを指摘している。さらに、ふつうペストは発生から消滅まで二年間以上（複数年——例えば、第一年が「予兆年」、第二年が中心となる「本流行年」、第三年が「衰退年」——）に及ぶ場合が多い。この表ではほとんどの場合、ペストが猛威を振るった「本流行」の一年だけを記載しているように思われる。以上の様々なことから、この表での流行年は一応の大まかな目安とみるべきである。

漏れの多いこの表に記載された一〇都市のペストの頻度（周期性）について見てみよう。複数年にまたがるペストも一回として扱うとして、この表からそのまま平均的な周期を機械的に計算すると、「一一・九年」に一回の割合でペストが発生していることになる。つまり、この時代では、壮年期や老年期まで生きた人の場合、その生涯において五〜七回に及んで、直接ないし間接的にペスト経験したことになる。例えば、平均的に見て、多くの人が、子ども時代に一回、青年期に一回、三〇代や四〇代にそれぞれ一回、ペストに襲われただろう。また、たとえみずからは生き残ったにせよ、身内や友人を疫病で失ったかもしれない。その場合においても、災禍の精神的痛手や以後のペストへの不安はかなりのものだったかもしれない。しかし詳細な史料による最新のヒルデスハイムのペスト研究では、ペスト期には六二回ペストが発生。「五・〇年」に一回の周期である。これこそドイツの実態かもしれない(12)。

フランスの場合——ペストの周期性——

ついでに言えば、こうしたペストの周期性はドイツに限らず他の国々でも似たようなものか、それ以上であった。ペストの記録がきめ細かく記される地域、すなわち都市ほど頻度が高く出るかもしれない。フランスのペストの周期性は、一三五二年から一四〇〇年の期間の場合、八年である[13]。もっと長い期間のフランスのペストの周期性についても、J・ドリュモーは、同様にこう述べている[14]――「フランスでは一三四七年から一五三六年の一八九年のあいだに、J・N・ビラバンが主要なものの他に二次的、あるいは付属的なものを含めて二十四回のペストの突発を識別したが、これはほぼ八年毎に一回の割合になる」。「一五三六年から一六七〇年にわたる第二の時期には十二回（十一、二年毎に一回）の突発」である。パリについては、「一三四八年から一五〇〇年の間に、四年に一度以上の頻度でペストに遭っている」[15]。

注

(1)　P. Dinzelbacher, “La divinità mortifera”, p.143.

(2)　p.143.

(3)　Brucker, chap.111.

(4)　佐久間弘展「ドイツ中世都市のペスト対策――ニュルンベルクを中心に――」『比較都市史研究』八―一　一九八九年　三二頁。

(5)　相沢隆「奢侈条令と中世都市社会の変容――南ドイツ帝国都市の場合――」『史学雑誌』九七巻六号　一八～一九頁。

(6)　七～八頁。

(7) K, P. Jankrift, “The Language of Plague and its Regional Perspectives”, *The Case of Medieval Germany. Medical History Supplement,* 2008 ; (27), S.53-58.

(8) 佐久間弘展、二九頁（表には一次史料、二次史料が付記されているが、割愛した）。

(9) A. G. Carmichael, *Plague and the Poor in Renaissance Florence,* 1986, p.62.

(10) J. Sarnowsky, “Die Darstellung der Pest durch die Lübecker Chronisten”, Sommersemester 2005, http : // www1.uni-hamburg. de/spaetmittelalter/hansegeschichtsschreibung/AhmlingPest.pdf#search='pest+probleme +und+perspektiven+der+mitteralter+pest'

(11) J. Hartwig Ibs, *Die Pest in Schleswig-Holstein von 1350 bis 1547/48, Eine sozialgeschichtliche Studie über eine wiederkehrende Katastrophe,* Lübeck, 1993, S.113-119.

(12) M. Höhl, *Die Pest in Hildesheim. Krankheit als Krisenfaktor in Städtischen Leben des Mittelalters und der Frühen Neuzeit*（*1350-1750*）, Stadtarchiv, Stadt Hildeshaim, 2002, S.50.

(13) N. Bust, “Der Schwarze Tod im 14. Jahrhundert”, in Mischa Meier（Herausgeber）*Pest : Die Geschichte eines Menschheistraumas,* Stuttgart, 2005, S.145.

(14) J・ドリュモー（永見文雄、西澤文昭訳）『恐怖心の歴史』新評論　一九九七年　一八九頁。

(15) J・ドリュモー（佐野康雄、江花輝明ほか訳）『罪と恐れ』新評論　二〇〇四年　一九三頁。

第四章　青少年期ルターの周辺とペスト

——宗教改革の提起頃までのルターの半生——

〈鞭を振って怒る神と宥める聖母〉ミッコ・スパダーロ
《1656年の疫病時のナポリのメルカテッロ広場》（部分）
サン・マルティーノ美術館　ナポリ

第一節　ルターの青少年期とペスト

ルターが青少年期を過ごしたマンスフェルト、アイゼナハ、エアフルトの場合でも恐らく同様の周期でペストは流行したと考えられる――というのは、六五頁の表3によると、この三都市の北側の都市――ハノーファー、ヒルデスハイム、マグデブルク（マクデブルク）――においても、また、南側の都市、すなわち、ニュルンベルク、ハイルブロン、アウクスブルクにおいても、ほぼ一〇年毎の流行が確認されており、これらの諸都市に挟まれたマンスフェルト、アイゼナハ、エアフルトも当然にペストの流行があったと見るべきであるからである（次頁の**地図**「ペスト流行関係地図」）。実際、研究者ツィーグラーによると、エアフルトでは、一三五〇年から一三五一年に、疫病のために一万二〇〇〇人の市民が死んだとある(1)。――このことから、ペストの危機が、エアフルトを脅かしていたことがわかる。

当時においては、この世に起きた出来事のすべては、神の意思、思し召しによって決定されると見なされていたので、峻厳な神への畏怖はますます高じたことだろう(2)。一四世紀のペストに比べると、一五世紀のペストは、死亡率は減少したものの、相変わらず大きな脅威であった――実際、この時代の都市政府の重要な課題のひとつはペスト対策であった(3)。

ペスト流行関係地図

次に、ルターの心性や考え方の基礎を形成した青少年期の経歴と背景について、特にペストとの関係を中心に見ていきたい。多感な成長期の者にとって、身内や友人が疫病死した場合、それが与える精神的衝撃は極めて深刻なものとなる。それは、イタリアのプラートの商人ダティーニ（一四一〇年没）のように、生涯に及んでトラウマとなる。商事会社で稼いだ膨大な全財産を貧民に遺贈したプラートのダティーニ（一三三五〜一四一〇）の場合、一三四八年のペストで六人家族のうち、両親を含む四人もの命が奪われ、幼い弟と二人で世間の荒波に放り出された。また、フィレンツェの書記官長サルターティ（一三三一〜一四〇六）の場合、家族と共にパドヴァにいた青年時代に同じペストに襲われた。そのため父親のほかに、一〇人を越える兄弟姉妹のほとんどを失っ

図 11　アイスレーベンの市庁舎
後方にルターが最後の説教をしたアイスレーベンの聖アンドレアス教会が見える。

図 12　ルターの生家（アイスレーベン）

図 13　聖ペトリ・パウリ教会（アイスレーベン）
この教会でルターは、生まれてすぐ翌日に洗礼を受けた。生まれてすぐの洗礼は乳児に危険であったはずだが、これはひとつに、この教会が生家からわずか 100 メートルほどの距離にあったことにもよるだろう。

図 14　ルターの亡くなった家（アイスレーベン）
ルターはこの家のすぐ目の前の聖アンドレアス教会で最後の説教をした後、奇しくも（余生をここですごそうとは思っていなかったようだ）生まれた町で亡くなった。ルター（Luther）とは、Lothar と同義であり、戦いで名を成した人を意味する。ここでルターはようやく「戦い」を終えた。

た[4]。エラスムス（一四六九頃～一五三六）もペストのために父親と母親をともに奪われた人である。では、幼年期・青少年期をザクセン地方やテューリンゲン地方で過ごしたルターの場合、どうだったのだろうか。――どうやらペストはこの地においても過酷なものであったようだ。

ルターは、長男として生まれたが、生地アイスレーベンには生後わずか一年間暮らしただけで、一歳（一四八四年）の時に、父親の転業（農民から鉱夫）のためマンスフェルトに移った。ルターはこのマンスフェルトの町で一三歳（一四九六年）まで過ごし、五歳から九年間、町のラテン語学校に通った。幼年期・青少年のルターが教育を受けた都市については、**表3**「ドイツ中世都市のペスト流行」では、マグデブルクを除いて記載されておらず、ペストとの直接の関係（つまり居住する都市でのペスト体験の有無）は示されていない。しかし、ルターは、一四歳の年（一四九七年）に親元を離れて、マグデブルクのラテン語学校に移っていたが、この都市は実は一四八三年（ルターの生まれた年）にペストに襲われている。そうすると、ペストの周期性から考えてルターは、ラテン語学校で勉強していた時期かその前後にこの都市においてペストの脅威を身近に感じていたかもしれない。

第二節　落雷体験と修道士への道

ルターは、一五歳（一四九八年）の時にマグデブルクからアイゼナハの教区学校へ移り、一五〇一年まで四年間アイゼナハに住んで教育を受けた。一八歳（一五〇一年）の時にエアフルト大学に入学し、四年間自由学芸を学んだ（一五〇二年に文学士、一五〇五年に文学修士を獲得）。そして二二歳になる年が転機になる年であった――

すなわち一五〇五年のことであったが、はじめ、ルターは、非常に厳しく支配的であった父親ハンスの強い意向に従って、エアフルト大学の法学部で法曹を目指して研究を始めた（五月）。それは、世俗的な出世と栄誉への第一歩となるはずであった。しかし、同年七月二日のこと、マンスフェルトに帰省の際に落雷を受けて命拾いをする。雷に打たれたこの時にルターは「聖アンナ様、お助けください。修道士になりますから」と転身の誓いをしたという[5]。聖アンナは彼の生まれたアイスレーベンの守護聖人である。この落雷で宗教的覚醒をして、突如として修道士になる決心をしたとされる。そして息子の世俗的出世を望んでいた父親に真っ向から反抗して、そのまま七月一七日、エアフルトのアウグスティーナー隠修士会（アウグスティノ派隠修士会。一二四四年、教皇から認可された。托鉢修道会のひとつ[6]）に入ってしまったとされている。

落雷は、ランドゥッチの日記やサヴォナローラの説教にあるように[7]、当時は神からのメッセージと理解され、宗教的な意味を帯びていた。父親の期待を完全に覆すこの決断は、神からの命令やメッセージであるといわなければとても許されないものであっただろう。それは、当時の親子関係から見て、我々が想像する以上に、破格の反抗であり、裏切りかそれ以上のものと思われた。修道院入りを決心したルターに対して、父親は「お前は聖書の十戒を読んでないのか。父を敬え、母を敬えと書いてあるではないか」と言ったが、ルターは、これは天の思し召しであると答えたのであった[8]。

しかし、ルターの転身を完全に落雷という偶発的な出来事のせいにして済ませるのは歴史学的ではないだろう。実際、落雷の意味をどう取るかは本人次第である。それは、ひとつに、もともとくすぶっていた宗教的決断にきっかけを与えたものと理解すべきではないだろうか。それは、自己の決断に正当性を与えたにすぎない側面が存在するのではないだろうか。

この時期は青年ルターにとって精神的に特殊な時期であった。ルターは、みずからこの時期を振り返っている。すなわち、この時期は、しばしばめぐってくる精神の興奮と沈静の周期に支配されていて、特に修道院入りに先立つ六カ月間に激しかったと述懐している[9]。そうしたなかで、みずからを救う道として、胸の内に積もり積もっていた、突かれたら爆発する本質的なものが熱していて、落雷を口実に噴出した面もあると見るべきである。おそらくすでにエアフルトにおいて自由学芸を学び、アウグスティヌスやキケロ（ルターは神を論じるキケロを高く評価している[10]）を読んでいた時点から、内なる思いとして神学への関心は高まっていたのだろう。またルターの修道院入りについて、研究者ウィアイアム・レインは、ルターのことばを引用して、父親とともに特に母親の厳しい宗教的な教育に原因があると述べている。すなわち、ルターは「母は私を厳しく熱心に育てたが、それが原因で私は修道院に導かれた」と振り返っている[11]。このように背景は色々と深いものがあったが、修道士の道を方向付けたかもしれない直接的なきっかけとして、落雷による作用が働いたとともに、もうひとつ、重大な出来事が作用して働いたように思われる。それは何か——

第三節　二人の弟のペスト死と修道士への道

それは二人の弟の疫病死である。

ではルター家のペスト体験が厳密にいつのものか、つまり《ルターが修道士になった直後》なのか、《修道士になる直前》なのか——これについては私見は後者を取る。問題の一五〇五年夏、テューリンゲン地方一帯がペストに襲われた。実に、そのペストによってルターは実の弟二人を同時に失ってしまったのである[12]。ペストは、ふつう時期的に春から夏を中心に流行することから見て、そのペスト流行が、ルターが修道士になる決断をした時期に近い。だから、ルターが修道士になる前に二人の弟が疫病死したとすれば、そのことはルターが修道士になる決断に極めて強く作用したはずである。ここにおいて、二人の弟の命を容赦なく奪った神を前にして、ルターの胸中にひとつの一層強い思いが支配的となっただろう。すなわち、《峻厳な神》の強烈なイメージである――

実際のところ、弟のペスト死がルターの修道院入りに大きく作用したことを裏づけることばがある。すなわち、ルターの友人は、二人の弟の疫病死を利用して、父親に修道院入りを認めさせたらいいだろうと助言したという――「疫病がルター［ルターの修道院入り］を助けにきた[13]」。実際、修道院入りに猛反対していた父親ハンスもこの出来事に神の思し召しを感じて合意せざるを得なかった（当初、ルターの父親は「見習い修道士」になることさえも許そうとしなかった[14]）。修道院入りに猛反対する父親ハンスは、ルターを支持する人から、《すでに疫病によって息子二人を神に捧げたのだから、さらに長男のマルティンについても、神に捧げて、修道院入りを許すべきである》と説得されたのである。二人の息子の喪に服していた父親はこれに納得せざるをえなかったという[15]。このことからルターの修道院入りに二人の弟の死が作用したことは間違いない。ここでも疫病と疫病死が、ルターとその周辺の人びとにおいて宗教的な意味を帯びて理解されていたことがわかる。ルターにとって、《峻厳な神》は、二人の弟に対して疫病死をもたらすと共に、ルターに世を捨てさせるように作用したと解釈されるべきである。

ここにおいて、ルターの将来は一五〇五年の落雷と二人の弟の疫病死によって、またそれ以前の深い背景によって、霊的世界、すなわち宗教的世界に導かれたのである――父の意向に従った法学による出世の道ではなく、信仰と神学によって聖職者としてみずからの救済を求める道、さらには聖職者として神と俗人のとりなしをする道が、新たに開かれたのである――これは、ルター個人の一大転機となったばかりでない。結果的に、ルターが宗教改革を提起し、それが原因で宗教戦争を引き起こしたとすれば、西洋の歴史そのものを大きく揺さぶることにつながる重大な一大転機であった。

この修道士への道の選択は、当時のカトリックの考え方に従った伝統的な選択であった。それは初期キリスト教時代に修道院長アントニウスや教父アウグスティヌスなどによって切り開かれた正統的なものであった。実際、当時、修道士になるということは、聖書のキリストのことばに従って、みずからの財産をすべて捨て、親や妻子を捨てることであった。修道士は、修道院での修行・苦行を積むことで、性欲などの欲望を払拭し、心身を清め、多くの功徳を得て、その積もった功徳によって、まずみずからの救済が保証されるとされた。さらに、この世でふつうに暮らす俗人の小罪を神にとりなすことで、彼ら俗人の罪の赦しを神に乞う存在となった。すなわち、俗人は、十戒、つまり殺人、姦淫などのごく基本的な禁止を守るならば、たとえ欲望にさらされ、多くの小罪にまみれてしまっても、聖性を目指して修行や苦行を積んだ修道士が獲得した多くの功徳――「余剰の功徳」――によって、とりなしを受けて、神に導かれ、救済を得ると考えられていたのである。

実際、少年ルターは、マグデブルクに住むひとりの老修道士――アンハルト修道士――を見て高徳の修道士の存在に憧れや尊敬を感じていたようである。アンハルト公は、世俗の高い地位をかなぐり捨てて、修道士となり、厳しい苦行を積んだ。そのために、生きながら骸骨のような姿であったという。その風貌は少年ルターにインパクトを与えたようである。少年ルターは、それを思い返して、修道士になるようなことがあれば、ありとあらゆる苦行に励もうと覚悟していたのである(16)。

ルターは、「見習い修道士」(「修練士」)から「請願修道士」(正式の修道士)となり(一五〇六年)、さらに一五〇七年(二四歳)に「司祭」に叙階され、緊張しながらミサ(聖体拝領)や告解の秘跡をおこなった。一五〇八年、まだ二五歳の若さで、その高い学識を買われ、新設のヴィッテンベルク大学で自由学芸の教鞭を執るに至った(講義内容はアリストテレスの倫理学)。それから、一五一〇年一一月から翌年四月まで、エアフルトの修道会から派遣されてローマ往復の旅をした（エアフルトの所属するアウグスティーナー隠修士会の問題処理のため教皇に請願に行く）。途中、フィレンツェの施療院や孤児院なども視察し、その設備と応対の良さに感心した(17)。この旅の途中でイタリアの北部でペストが流行しているのを耳にしたはずである。というのも、ヴィチェンツァ、パドヴァなどヴェーネト地方の都市やウーディネ、クレモーナなどの多くの都市で疫病の死者が出ており、ヴィチェンツァでの猖獗ぶりについては、ヴェネツィアのM・サヌート（サヌード）（一四六六～一五三六）も日記に記録しているからである(18)。ただ、南国イタリアへのルターの旅（ブレンナー（ブレンネロ）峠のルートだっただろう）は、秋から春の旅だったので、流行期のピークは外れていたかもしれない。しかし、一五〇九年から一五一一年の疫病のありさまについては、身近に危機を感じたか、少なくともうわさを聞くなど、何らかの関わりをもったかもしれない（結局、ペストはイタリア北部・中部で一五〇九年から一四年まで続いた(19)。

　一五一一年、再びヴィッテンベルク大学に無事に戻って教鞭を執った（以後、基本的にここに定住し、宗教改革の提起に至る）。しかし居住するようになったヴィッテンベルクにも、ペストは一五二七年に襲いかかり、その八年後の一五三五年、さらに、四年後の一五三九年と次々と襲いかかった(20)。これを機に、ルターは、問われて、疫病に対する当時の人びとの最大の関心事、すなわち、疫病の際、都市を捨てて逃げるべきか否かについて論じている（一五二

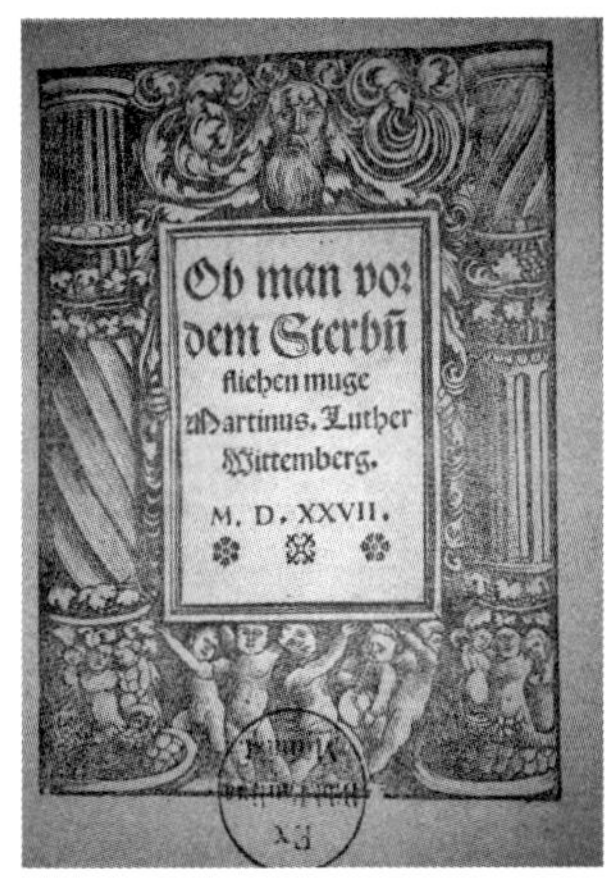

図 15　ルター『人は死のために疫病から逃亡するべきか』(1527 年) の表紙

この著書のほかにも、ルターは、『卓上語録』(1542 年) のなかで、食事の際に、学生に尋ねられて疫病について口頭で論じている。話題は、《牧師は疫病の流行した時に都市から逃げるべきか否か》(No.5503) というものである。この『卓上語録』は、後に宮廷の牧師になったフライブルク生まれのカスパー・ハイデンライヒ (1516~1586) が筆記したもので、ひどいザクセンなまりの方言で筆記されている。彼は、秀才でわずか 12 歳でヴィッテンベルク大学に入学したという。以下、ハイデンライヒの筆記したものである――

疫病が流行した時に、ナウブルク［ザクセンの町］の説教師二人が疫病死したと聞いて、一体、説教のためだけに雇われた牧師の場合は、疫病の流行時に病人に対して宗務を断ることができるものかと問われて、ルターは、こう答えた――「否、断じて否である。説教師は人びとに不安を与えないために逃げてはならない。時々、牧師や説教師は疫病の時はあまり仕事を与えてはならないと言われることがあるが、それは、他の聖職者が疫病死した時には代わりになっていつでも病人を見舞うことができるようにするためである。・・・もし運命が私に降りかかったとしても私は恐れないだろう。私はこれまで三度疫病を生き抜いてきたのだ。そして、私は疫病にかかった人のところにも何人か見舞いをしてきた。だからシャッデヴァルト［ヴィッテンベルクの都市参事会員］の家に二人の疫病患者が出た時にも、私は二人の体に触ってやった。だが、私はそれで害を受けるようなことは全くなかった。神に感謝である。そして帰宅してから私は、当時幼かった娘のマルガレータの顔に、手を洗わないままに、触わってしまった。そうしたのは実は忘れていたからなのだが。そうでもなければ、私は触ったりしなかっただろう――触れることを神は望まれたのだ。」(*Luther's Works :* vol.54. *Table Talk,* ed. and trans. by T. G. Tappert, Philadelphia, 1967, p.434.)

七年、一五四二年）[21]。ルターは、ちょうどヴァッラの『快楽論』、ポッジョの『貪欲論』と同じように人文主義的修辞法で自己の主張を展開している（図15「ルター『人は死のために疫病から逃亡するべきか』（一五二七年）の表紙」）。逃げるのは責められないが、神は人がどこへ逃げようとも、死なせる者は死なせることができる。ただ公務あるキリスト教徒は、公務のために都市に留まって、遂行すべきであると説いている。これは、《峻厳な神》ゆえの判断である。ほぼ同様に一世紀半前にキリスト教人文主義者サルターティも書いている——サルターティ（拙訳）『都市からの逃亡について』（一三七三年）[22]。この時代、ペストは、常に神の意思と結びつけて考えられた。「疫病からの逃亡」——これはペスト期の永遠のテーマであった[23]。

注

(1) Ziegler, *The Black Death*, New York, 2009. p.84. K・ベルクドルト（宮脇啓子、渡邊芳子訳）『ヨーロッパの黒死病　大ペストと中世ヨーロッパの終焉』国文社　一九九七年　一二二頁。

(2) 拙稿「《峻厳な神》とペスト的心性の支配」六四〜七一頁。

(3) A. G. Carmichael, *Plague and the Poor in Renaissance Florence*,; M. C. P. Vigni, Lo Statuo in volgare della Magistraturadella Grascia（a.1379）, *Archivio storico italiano* 127, 1971 : 3-70. C・チポッラ『シラミとトスカナ大公』（柴野均訳）白水社　一九九〇年。同『ペストと都市国家　ルネサンスの公衆衛生と医師』（日野秀逸訳）平凡社　一九八八年。佐久間弘展「ドイツ中世都市のペスト対策——

ニュルンベルクを中心に――」二九～三九頁。

(4) R. G. Witt, *Hercules at the Crossroads. The Life, Works, and Thought of Coluccio Salutati*, Durham, 1983, p.19.

(5) P. K. Zimmermann, *Martin Luthers Leben : Illusrationendes 19. Jahrhunderts*, Coburg, 1983, S.5.

(6) エッカーマン（谷隆一郎訳）「アウグスチノ隠修士会」P・ディンツェルバッハー他編、朝倉文市監訳『修道院文化史事典』四二七～四四一頁。

(7) 拙稿「《峻厳な神》とペスト的心性の支配」六九～七〇頁、七七～八〇頁。

(8) W. Rein, *The Life of Martin Luther*, First Rate Publishers, 2014（1923）, p.16.

(9) ベイントン『我ここに立つ　マルティン・ルターの生涯』第三版　聖文舎　一九六九年　一二頁。

(10) ルター（植田兼義訳）『卓上語録』一七頁。

(11) W. Rein, p.13.

(12) p.15. なお、ルターの弟たちについては、詳細はわかっていない。ただ、ほかに生き残った弟がひとりいて、一五三〇年代にヴィッテンベルクに住むルターに会いに来たことがわかっている。

(13) エリクソン、一四三頁（これはエリクソンの紹介する神学者のことばである）。

(14) 一四三頁。

(15) 一四三頁。

(16) R・H・ベイントン『宗教改革』一二頁。

(17) ルター（藤代幸一訳）『ルターのテーブルトーク』三交社　二〇〇四年　二〇九頁。

(18) *I Diarii di Marino Sanuto,* pubblicato per cura di R. Fulin, Tomo XI, Venezia, 1884, 11, agosto, 1510, p.49.

(19) A. Corradi, *Annali delle epidemie occorse in Italia dalle prime memorie fino al 1850,* Bologna, 1972, vol. I, pp.378-382.

(20) *Luther's Works*： vol.54. *Table Talk,* ed. and trans. by T. G. Tappert, Philadelphia, 1967, p.434.

(21) M. Luther, *Ob man fur dem sterben fliehen muge,* Wittemberg 1527, in： *D. Martin Luthers Werke. Kritische Gesamtgabe. Weimarer Ausgabe,* Bd.23, Weimar 1901, S.323-386.

(22) "Epistolario di Coluccio salutati", a cura di Francesco Novati, *Fonti per la storia d'Italia,* II, 83-98, Roma, 1891-1911. 拙著（編訳）『イタリアの黒死病関係史料集』第一五章。ルターの疫病論は以下に詳しく考察されている――佐々木博光「ペスト観の脱魔術化：近世ヨーロッパの神学的ペスト文書」『人間科学　大阪府立大学紀要七』二〇一一年　五九～九一頁。

(23) H. Dormeier, "Die Flucht vor der Pet als religiöses Problem", in： *Laienfrömmigkeit im späten Mittelalter. Formen, Funktionen, politisch-soziale Zusammenhänge,* hg. v. Klaus Schreiner unter Mitarbeit von Elisabeth Müller-Luckner（Schriften des Historischen Kollegs, Kollequien BD.20）München 1992, S.354.

第五章　《峻厳な神》ゆえの
ルターの告解の秘跡の拒否

フェッラウ・ダ・ファエンツァ《最後の審判》（部分）
16世紀トーディ大聖堂

第一節　ルターとドイツ神秘主義

ペスト期の人びとにとって神が《峻厳な神》であったように、青年ルターにとっても、次に示すように、神は《峻厳な神》であり、決して人を赦さない厳しい存在であった。若きルターのことばによると「我々を圧倒し、粉みじんにする」「我々を焼き尽くす」存在であった(1)。彼の考えによれば、神は威厳に満ち、徹底して神聖で、不滅で、この世のあらゆる循環をつかさどり、神がうなずけばこの世は震える。神のおこないは、人間には認識不可能で、神の審判は過酷で、神なくしては人間には安全はあり得ない。人間が邪悪であるかぎり、神との和解はあり得ないという。若きルターはこの至高の存在に引きつけられながらも、打ち砕かれ、修道士としての生活に全力を尽くした(2)。

R・H・ベイントンによれば、ルターの胸中においては、絶対的に神聖な《神》と、悪をなす邪悪な《人間》との乖離（かいり）が痛感された。この乖離は、修道士生活において苦行などによって解消できるとカトリック教会は教えていた。実際、ルターはアウグスティーナー隠修士会に入ってからは日夜勤勉に修行を積んだ。ふつうの場合、修道士は、日課のなかでおこなわれる日々の祈禱や苦行や秘跡によって晴れて宗教的な確信や悟りや慰安を得るものであるが、ことルターについては、それとはほど遠かった。彼のイメージするあまりに厳しい神は、従来の修道士とは違って、一方でその絶対的な厳しさからルターには赦しを与えてくれるような存在にはとても思えなかった。また、他方で、自分が神によって赦されるような存在であるとも思えなかった。しかしながら、それでもルターは姿勢として神に向かい合おうとした。

この姿勢の背後には、一二世紀から一三世紀になってドイツにおいて新しい傾向となった宗教的な動向が作用していた。それはすなわち、一方が民衆的な動向であり、他方が神学的な動向によるものであった。民衆的な動向として、ドイツやネーデルラントなどにおいて、一二〜一三世紀から、民衆、とりわけ都市の女性の世界において、神秘主義的な宗教運動が高まりを見せていた。それがベギン会と呼ばれる独身女性の人たちの運動であった。彼女らは、同時代の、または先行する民間の宗教運動（カタリ派、ワルド派、ウミリアーティ派など新約聖書の福音を重んじる運動）、さらには、やや遅れて台頭した托鉢修道会の教えに直接的ないしは間接的に刺激され、清貧こそが天国に通じるものと考え、富の目立った自分たちの時代に不安を感じ、救済の道は日々の祈りによって霊的に神に近づくことにあると考えた。彼女たちは、修道会に帰属せずに、世俗世界にありながらも、修道士のように独身を守り、世俗の日々の労働を営みながら、それでいて、みずから祈りと瞑想にふけることで、「神との合一」を達成しようとしたのである。これは、教会の監督や指導を受けずに、つまり、「教会ヒエラルキー」（教皇を頂点とするピラミッド組織による救済システム）を飛び越えて、独自に内省的な世界を突き進むものであった。そのためにこの動きは、従来のカトリック公認の修道院の動きから逸脱する恐れがあるとして、ローマ・カトリック教会から警戒心をもって見られていた。

また、他方において、神学の世界においても、「人間と神との合一」を目指す神秘主義の動向が認められた。ここには、イタリアなどの南欧と対照的なドイツの風土がもたらす内面的、精神主義的、神秘主義的傾向が作用していた側面もあろう。それが托鉢修道会の一派ドミニコ会の指導者マイスター・エックハルト（一二六〇頃〜一三二八頃）による神秘主義であった。

付記　エックハルトの神秘主義

神学的に見ると、エックハルトは、エックハルト研究の中山善樹によれば、「トマス・アクィナスの思想を基礎としながらも、それを独自の仕方で超克しようとしたものであり、スコラ学と神秘主義の結合とも言うべきものである」という(3)。その考え方においては、神の被造物は、完全性と絶対性の存在である神と切り離しては存在できないと理解され、被造物は、一なる始原である神に向かうことによってようやく存在を与えられるという。エックハルトは、このことをトマス・アクィナス以上にラディカルに突き詰めて追求したという(4)。そして神の被造物（万物）を「遥かに超越した神性は霊魂の根底で不断に生起する」ものと捉える。ここにこそ、「根底的な神が霊魂の根底に内在する」というドイツ神秘主義神学――「神と霊魂の神秘的一致」――の本質が認められると中山はいう(5)。

ことによると、神秘主義の神学的傾向を帯びたエックハルトは、巡回説教師として地方を回るなかで、あるいは、地方（エアフルト、シュトラスブルク、ケルン等）において指導的役割を果たすなかで、ドイツの都市の独身女性たちの神秘主義的傾向をもつベギン会と出会い、そこでパリ大学のスコラ神学の思弁や論理学を排して、率直に信仰の霊的なあり方について、言い換えると、直接に神を知ることについて、語ったのだろう(6)。ここに双方の宗教的傾向が刺激されたのかもしれない。いずれにしても、そうした神秘主義的傾向は、後にトマス・ア・ケンピス『キリストにならいて』（一四二七年頃）などにおいて結実するものであった――

この神秘主義的傾向は、大学のスコラ学の思弁的、論理学的な傾向に対抗して、つまり、言い換えると、神は理性で認識できるという合理主義的立場に対抗して、一四世紀・一五世紀の激しく動揺する時代（ペストや飢饉や戦争）を反映して、神こそは、精神的、霊的に、超理性的にアプローチするものであった。一四世紀初頭のエックハルトにおいても、世俗の人びとと直接ひざを交えて語り、時代の不安を共有するなかで、ドイツ語で語り、ドイツ語で著作することで、神秘主義的な信念がいっそう表出されやすかったのかもしれない（彼はラテン語では神学者と語った）。ドミニコ会修道士エックハルトのこの「神との合一の理論」は、ベギン会と親交のあった彼の立場や、それに反目したライバルの托鉢修道会フランチェスコ会側からの告発も作用したのであろう、アビニョンに召喚され、そこで異端審査の委員会と教皇ヨハネス二二世（在位一三一六〜三四）から異端として断罪され、その後の様子は不遇の内に闇に葬り去られ、その葬儀の記録もその没年も定かではない。

こうした出来事に続いて、ケルンでエックハルトに学んだその高弟タウラー（一三〇〇頃〜六一）は、エックハルトの考え方を穏健なかたち（つまり、エックハルトの轍を踏まぬようなかたちで）で継承させていった。しかし、本質的な考え方は同じであった。岡部雄三によれば、タウラーは、《人間存在の神秘を知るには自己以外の一切を「解脱」し、自己の魂をも「空」にする必要があり、この無と化した魂のなかに神の子キリストが誕生し、ここにおいて人間は神と出会う》と説く——こうして、そのタウラーの考え方は、一世紀半のちのルターの考え方に至るのであった。この意味でルターは神秘主義神学の潮流のなかにいた。「わたしはタウラーにおいてすべての大学のすべてのスコラ学者に見いだされるよりも、あるいは彼らの見解に見いだされうるよりも、もっと堅実で真実の神学を見いだした」(7)（ルター）。こうして「ルターは何よりもまず、神と直接に語ることを、自分で語ることを、《無遠慮に》語ることを欲した」(8)（ニーチェ）。

しかし、私見によれば、ルターは、青年時代においては、人間の知恵や理性をひけらかすスコラ神学に強く嫌悪感を抱いて、神秘主義的に、みずから神のなかに没入しようとしても、それはこの上なく不可能なことであった——というのも、若きルターにとって神はこの上なく峻厳な存在であって、全く近寄りがたいものであったからだ。神秘主義の理念を抱きながらも、神という「我々を圧倒し、粉みじんにする」「我々を焼き尽くす」存在は恐れ多い対象でしかなかった。あるべき神秘主義的理念と自己の神への怖れとの間に横たわる大きな《矛盾》に苦しまなくてはならなかった。

こうしたことから、ルターはここで、第一に、個人的な要素（性悪説的な性向など）、第二に、《峻厳な神》という時代の心性的なイメージ、そして、第三に、今述べた《矛盾》によって「袋小路」に追い詰められてしまったのかもしれない。それまで時代のあらゆる修道士が修道院生活によって、多かれ少なかれ、悟りや慰安を得ていたのに対して、ルターは、従来の修道士と異なって、神学的、心性的に、社会的に、二重三重に重くのしかかるものの重みによって袋小路に追い詰められたと考えられる(7)。

第二節　袋小路のなかのルターと改悛の困難さ

――《峻厳な神》ゆえに神を愛せぬルター――

ルターにおいては、こうした苦悶が大きなひとつの契機となって袋小路に陥っていくのであった。それは宗教改革の提起へと少しずつ導かれる要因となったと考えられる。ルターにおいて、宗教改革につながるものが「告解の秘跡の拒否」であったと考える。これこそ、紛れもなく反カトリックの「のろし」に通じるものであった。次にその経過について、ルターの著作、書簡、『卓上語録』など、ルターがみずから生涯を回顧した記述やベイントンその他の研究を中心に詳しく見てみよう。

およそ聖職者たる者は、神と俗人のとりなし役として、霊的に清められた状態になくてはならなかった。例えば、司祭はミサを司式する場合、その前にみずから犯した罪を改悛し、神から（すなわちその代理人である告解聴聞師から）赦免されていなければならない。このことから、ルターは、犯したみずからの罪の改悛を目指した。こうして、幼少期からの過去の罪を振り返っておこなわれた告解（総告解）において、ルターはすぐに行き詰まってしまった。煩悶する壮絶な日々のみが続いたのである。すなわち——まずルターは告解で自分の過去の罪を思い返し、その罪が赦されるようにと必死に祈った。しかし、彼の抱く神はそれを決して赦してくれなかった。神に慰安と救いを求めるものの、彼の抱く神のあまりの厳格さに打ちひしがれて、焼き尽くされ、ゆるしや救済の確信を得ることができなかった。この厳粛な神の観念こそ、頻発して人びとを懲罰するペストによってもたらされた神観念ではなかっただろうか。エアフルトの神秘主義神学は、恐るべきことに、ルターに対して「神に向かい合え」、「神に没入せよ」と教えるが、皮肉にもルターにとって、神は没入できるようなそんな代物ではなかった。その神は、《善き神》などではなく、《人を死に追いやる神》であった。「神を愛せ」などというのは、とても無理な話であった。ルターを苦しめたものは、方法と目標の両方のむずかしさであった――すなわち、アプローチの方法として神秘主義神学を採用することのむずかしさがあり、目標として神の愛を享受することのむずかしさ、この二つがあった。そして、その困難さを背後から決定づけるものこそ、《峻厳な神》の存在であり、現世に襲いかかる苦難、とりわけ過酷な疫病からイメージされる神観念であった。この困難性はこれまで研究者によって誰にも指摘されてこなかったことであろう。

彼は時々三日間続けて、パンも全く食べずに断食した。しかしそうした苦行の後にも神を《愛すべき対象》として認めることができなかった。そのルターの告解聴聞師を勤めたのが、ルターの師ヨハネス・フォン・シュタウピッツ（シュタウピツ）アウグスティーナー隠修士会修道院長（一四六九／六八～一五二四）であった。シュタウピッツは、ルターに神への直接的な没入を教えた人と考えられている(10)。シュタウピッツは、同時に「そんなに自分を苦しめてはいけない」と忠告し、「神を愛しなさい」とも助言した。しかしルターにとっては、厳格で残忍な神を前にして、慈愛をも併せ持つはずの神を愛せず、行き詰まったままであった。ルターは当時を回顧してこう言っている――

私は善良な修道士だった。わたしの修道会の規則をじつに厳格に守った。それだから、もしも修道士で、修道士生活によって天国に達するものがあるとすれば、それは私だった、と言うことができる。わたしを知っている修道院のわたしの兄弟たちは皆それを証明するだろう。もしもわたしがあれ以上つづけていたなら、私は徹夜（ヴィジリア）や祈りや朗読やその他の聖務で、自分自身を殺してしまったに相違ないのだ⑾。

確かにルターは、個人的な性行としても、特に自分の罪深さを感じるタイプの人間であったかもしれない（それについては、精神分析学的アプローチをする研究者もいる⑿）。さらに、そこには従来の修道士と違って、神と向かい合う神秘主義的な態度とペストによる峻厳な神の観念が追い打ちを掛けたように思われる。こうしてルターは、一日六時間も自分の罪を告解聴聞師のシュタウピッツに告白し、過去をたどって生涯にわたって罪の一切合財を告白し、邪悪な、赦しがたい自分を認めて、シュタウピッツに懺悔したのである。また、手紙でも頻繁に自分の罪を訴えたのである⒀。それに対して、シュタウピッツはこう言った⒁――

神様はお前のことを怒ってはいない！　お前が神に怒っているのだ。お前の罪も大した罪ではない。許してもらいたければ、もっと大きな罪、親殺しや強姦をしてこい。

しかしそれでも、こうしたシュタウピッツのことばにルターは納得できなかった。ルターは、さらにアダムとエヴァの例を示して、人間の罪深さが生来のものであると考える。人間は、罪を犯すときあまり自責の念がない。例えば、アダムが禁断の知恵の実を食べたとき、エヴァに誘われたからだといって、逃れようとした(15)。

ルターは袋小路で苦しんだ。自分の罪を赦してもらいたい。赦されるには改悛をしなくてはならない。改悛をするには自分の過去を思い起こさねばならない。過去の一切の改悛をしなくてはならない。そして過去の罪の数々が明るみにされて彼は思った――こんな罪深い人間を赦すはずはない。こうして、とても改悛には至らなかった。堂々巡りであった。

シュタウピッツは暖かくこう言った――「人間は弱い存在だから、そんなに努力してもしかたない。神の愛にすがりなさい。」

ところがルターには神は愛の存在としては感じられず、罪深い人間を怒りで焼き尽くす存在としてしか感じられなかった。ルターは、すでにエアフルト大学の学風のなかで学ぶなかで、アリストテレスを拠り所とするスコラ神学者に反発し(16)、彼らの依拠する人間の知性や理性の力に本質的に懐疑し、さらに、修道院においてルネサンス人文主義者で反主知主義のロレンツォ・ヴァッラ（一四〇七～五七）を知り、反理性の立場を確信していた(17)。また、ルターは、オッカムの影響を受けていた。オッカムこそは、「人間の理性が信仰の現実についての確実な知識に到達する可能性を全く否定し、神の一方的、恣意的なまでのわざを強調した[18]」（徳善義和）のであった。ルターは、理性を排除し、謙虚に、いや卑下して、裸のままに神の前に立とうとしたのである。

　こうして、時代の心性を抱えたまま、エアフルトの神秘主義の学風のもとで、ひたすら神に没入しようと過酷な試みをしていたのである。エアフルトの神秘主義者エックハルトによれば――彼はペストを知らずに死んだ人である（一三二八年頃没）――、人はこころを神に向け、神からの働きかけである魂の火花で神を認識すべきであるという。この時、人間は神と一体となり、新しい誕生を経験するという[19]。一方、ルターが火花を見たとすれば、それは神から激しく拒絶されたことで生じる火花であった。

　ルターは神との直面に心の平安を見いだせず、一人苦しむのであった。そこで再びシュタウピッツは助言し、それに対して、またルターは反発するのであった[20]――

「宗教を難しく考えるな！　神を愛せ！」

「神は我々を焼き尽くす存在です！　どうして愛せましょうか！」

若きルターは、袋小路のサイクルの中をグルグルめぐるだけであった。すなわち、神は絶対である。何一つ偶然は存在しない。神は人間の運命を定めておられる。救われる者は救われるし、救われない者は救われない。救われないものは永遠の苦しみにあえぐ。このように考えるなかで、思ってしまったのである、「何と神は憎むべき存在であることか！」と。そこでルターは直ちに神を冒瀆したことを悟り、罪を重ねたことに気づき、それをまた告白し、赦されない自分を認めるのであった。

ルターはこう言っている[21]。——「我々、弱くて無知な人間は神の無限の不思議な尊厳に近づきたいと思って神に近づく。しかしそのとき神が我々を圧倒しさり、我々を木っ端みじんにしてしまうとは、何という驚きだろう。」

このようにルターにおいて《峻厳な神》は圧倒的であった。ルターが現実の《峻厳な神》をイメージするとき、おそらくそれは、ペストの激痛で絶叫し、悶え苦しんで死んでいった二人の愛する弟の光景であり、さらに疫病死して町の広場に放り出された黒ずんだ大量の遺体の光景であっただろう。また、そうした現実の大量のペスト死の光景とともに、旧約聖書の「申命記」や「詩篇」に見られる、神の罰する様々な記述の場面もイメージされたであろう。実際ルターも、新約聖書のなかのキリストのことば「(旧約) 聖書を究めよ。それは私について証す」を引用して、旧約聖書を重視すべしと述べている[22]。

一方、一三世紀に生きたアッシジのフランチェスコの場合はどうだったろうか。その時代は、まだペストが来ていない古き良き時代、《善き神》の支配する時代であった。一三世紀初頭に教えを説いたこの説教者が引用した言葉のほとんどは、《峻厳な神》とはあまり縁のない言葉、すなわち、主に新約聖書のマタイなどの福音史家の言葉であった（慈善、隣人愛、清貧など）[23]。ル・ゴッフは、フランチェスコがよりどころとした宗教的な言葉の出典についてこういう――「聖書、というよりも、福音書なのだ。なぜなら聖フランチェスコにとって、よりどころは旧約ではなく、新約であったから。彼の著作中一九六ケ所の聖書引用のうち旧約はわずか三二回（うち九回が『詩篇』から）なのに対し、新約は一六四回（うち一一五回が四福音書から）にものぼる」[24]。これを私は、グラフにしてみた（**グラフ2**「フランチェスコの利用した出典――新約聖書の高い割合――」、**グラフ3**「フランチェスコによる新約聖書の引用における福音書の高い割合」）。

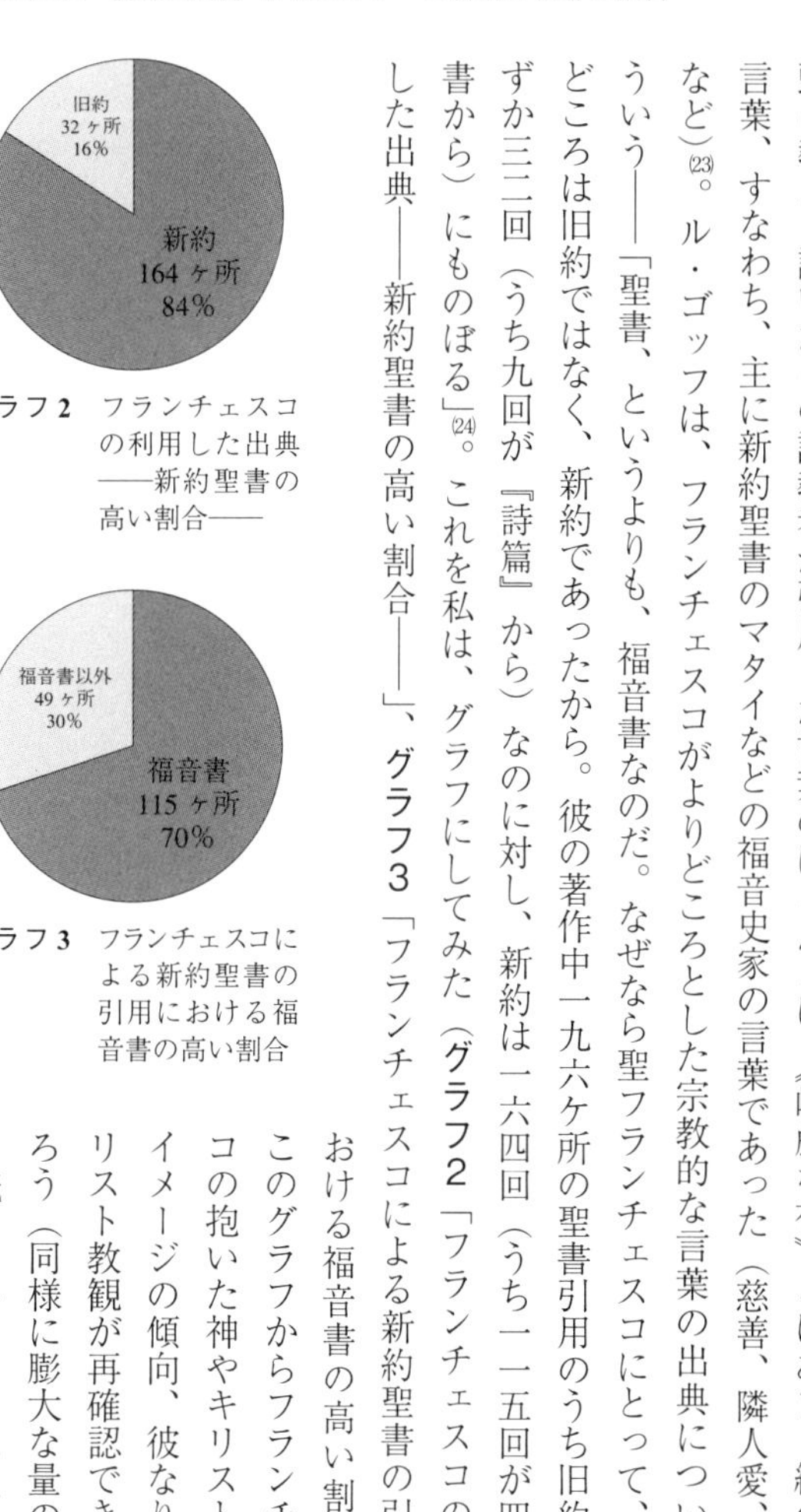

グラフ2　フランチェスコの利用した出典――新約聖書の高い割合――

グラフ3　フランチェスコによる新約聖書の引用における福音書の高い割合

このグラフからフランチェスコの抱いた神やキリスト教のイメージの傾向、彼なりのキリスト教観が再確認できるだろう（同様に膨大な量の文書を残したルターについても、こうしたグラフ化が望まれる)。
ルター(一五四六年没)とフランチェスコ(一二二六年没)――この二人の心性を比べると、時代状況が神のイメージを変えていると思わざるを得ない。

第三節　《峻厳な神》と告解

(一)告解の成立を妨げるルターの神観念

人を「木っ端みじんにしてしまう」神、これこそ、頻発するペストが人びとに植え付けた神観念――《峻厳な神》のイメージ――にほかならないと考える。ルターは、一五世紀の人びとと同じく神をこの上なく峻厳な存在と見た。これは多感で過敏な青年ルターが、ペストの直接的、間接的な体験を通じて同時代の人びとと共有した見方であり、当時として多くの人びとに抱かれたごく自然な見方であろう。

青年ルターは、告解場で告解聴聞師であるシュタウピッツ修道院長から告解の秘跡を受けた。ふつう告解においては、罪を告白し改悛した者は、神の代理人である告解聴聞師を通じて神の赦し(赦免)を与えられ、赦された者はそこで宗教的な慰安と回心を得て、与えられた贖罪を背負いつつ、再び新たな信仰生活に向かうものである。ここには安定した形式主義(典礼

図 16　告解を受ける女性
告解場のなかでは告解聴聞師と信徒との間には、告白する信徒が罪の告白がしやすいように、仕切りの網などで顔が見えないようになっている。

図 17　ずらりと並ぶ告解場（イタリアのウルビーノ大聖堂）

重視）の世界が想定されていた。

ルターは、告解聴聞師の前で自分の過去を振り返った。そして彼は自分の過去の「罪」についてあの恐るべき神がそう簡単に自分を赦してくれるはずがないと思い、告解聴聞師が与えようとする「赦し」をかたくなに拒絶し、告解聴聞師を困らせたのである。ルターによれば、「人間の性質そのものが腐敗しているのだ」。そもそも「告解」は人の罪を赦す「救済システム」として中世の時代状況のなかでつくられたものであるが、彼の抱くあまりに峻厳な神は、告解聴聞師からの赦しを断固として拒絶したのである。押し問答は何日もつづいたが、ルターは譲らなかった。

実に、ここにおいて、人びとを決して赦さぬと考えるルターの神のイメージは、当時の人びとが抱いている神の峻厳さのイメージをさらに押し進めたものであったが、人と大きく違うのは、ルターは、俗人のとりなし役の修道士として神に没入しなくてはならなかったことである。この亀裂にルターの胸の内では悲劇的な火花が散ったのである。その火花は、「神からの働きかけである魂の火花」とは全く異なったものであった。

シュタウピッツ告解聴聞師が「神の代理人」として、ルターを赦そうとするが、奇妙なことに、当の本人が赦されようとしない――これは、つきつめれば、告解の成立を不可能にし、その制度を根本から否定することにつながるものである。ルターの峻厳な神観念による告解の拒否こそ、カトリックの贖罪の意味そのものや、贖罪を得るための善行などの行為を重視するシステムの本質を根底から覆すものである。これは、イタリアのダティーニらの民衆が《これで自分は救済されるのだ》と信じることのできたシステム——一三世紀の産物である——そのものを拒絶するように作用する。これは、信仰のあり方——カトリックの秘跡とカトリックの信仰形態——そのものにアンチテーゼをつきつけることとなるのである。このように見ると、すでに青年ルターが入った「告解場の密室」のなかから、宗教改革のひとつの火種（カトリックの拒否）がくすぶりはじめていたと言えるのである。

カトリックは、どちらかと言えば、《「かたち」として現れた行動》=《贖罪行為》を重視するのである——密室のルターは、内なる思いから改悛できずにおり、当然、改悛を前提とする贖罪も拒否する。シュタウピッツの指導のもとに神と直面し、神と向かい合ったが——これが、シュタウピッツの神秘主義のやり方であった——神のあまりの峻厳さのイメージから、ルターは赦されるはずがないとして、改悛することや贖罪の提示をみずから拒否したのである。ここでは、人間の神との合一において、究極において認められるはずの神性は、はるか遠い世界であった。

ふつう告解のパターンとして、人は犯した自分の罪の事実をまず報告し、それから改悛する。そして次に贖罪の意志を示す。こうして、告解聴聞師（神の代理人）から赦しを得て、神と和解する。ここに罪は流されて、次の告解までの新たな信仰生活が始まる――しかし、もし最初の改悛が拒否されるならば、すべてがストップしてしまう。この拒否において、改悛を前提とする告解の秘跡や終油の秘跡そのものの形式が成り立たなくなる。ここにカトリックのシステムを否定する要素が潜んでいた。

(二) 改悛の拒否と宗教改革の提起
――背後の《峻厳な神》の存在と共有――

宗教改革の要因について、これまで看過もしくは軽視されてきた、最も本質的なことは、すなわち、「自分を赦せない」と思い、改悛できなかったルターの背後には《峻厳な神》の存在があったことであり、その《峻厳な神》のイメージは、同時代の多くの人びとにも共有されていたということである(その《峻厳な神》は、人びとの生命を容赦なく奪う神罰としてのペストに象徴されていた)。

峻厳な神を前にして、「改悛」――つまり赦されることを前提とするような形式的な改悛――は、ルターの考え方では制度そのものに問題があった。実際、一五一七年、ルターがいわゆる『九十五カ条の論題』(『贖宥の効力を明らかにするための討論』)を発表した時に、真っ先に、その『論題』の第一条において、まさに「改悛」を扱ったのである(条文の翻訳では「悔悛」）――すなわちルターは《秘跡による悔悛ではなく、全生涯、悔悛すべきである》と主張し、一回一回の細切れの悔悛や赦免を否定し、さらに、第二条で「告解の秘跡」の制度そのものに根本的な疑問を提示したのである[25]。

一、私たちの主であり師であるイエス・キリストが、「悔い改めよ・・・」と言われたとき、彼は信ずる者の全生涯が悔い改めであることを欲したもうたのである。

二、この言葉が秘跡としての悔悛（すなわち、司祭の職によって執行される告解と償罪）についてのものであると解することはできない。

人間という罪深い存在にとって、秘跡のなかでそうたやすくすべて改悛できるようなものではないのであろう。人間の認識の及ばぬ圧倒的な神を前に、人間の改悛は絶えることなく生涯に及ぶべきものである。ここでは、告解という「枠」のなかの行為や形式ではなく、生涯そのものでの内面や本質や姿勢が訴えられた。さらに、翌年（一五一八年）になってルターは、これを詳しく解説をしている。この「解説」は、非常に長大な論考「贖宥の効力についての討論の解説」であり[26]、そのなかで『論題』の第二条について次のように敷衍している[27]。

第一に秘跡としての悔悛は一時的であり、いつでもなされうるものではないからである。もしそうでなければ、絶えず司祭らと語らねばならず、罪を告白し、そして課された償罪［贖罪］を果たす以外にいかなる他のことをなすべきでもないであろう・・・。

第二に秘跡としての悔悛は、単に外的なものであって、内的な悔悛を前提条件とする。内的な悔悛がなければなにも役に立たない。しかし、この内的な悔悛は存在するし、秘跡としての悔悛なくしても存在しうる・・・。

こうして、ルターは、「告解の秘跡」と本当の「内的な改悛」は別個のものとして切り離し、後者をまことのものと見たのである。これはカトリックの本質の部分の否定を意味するものであった。この意味で、まさに「改悛」の問題こそが、秘跡の否定として直接に「宗教改革」の引き金になったのである。ここで示した秘跡そのものの否定は、若きルターがシュタウピッツのもとでおこなった血のにじむような告解の体験が背景にあるだろう。

本当の「内的な改悛」とは、どのようなものか。それはひとり神に向かい合うものである。それは、「とりなし役」（聖職者）を伴う教会組織（歴史的形成物）のもとでなされるのではなく、誰も伴わずひとりの個人として（個人主義）、何も持たず、裸のままに、神に向かい合う（神秘主義）――それも日々、生涯にわたってなされるべきであると考えたのである（一方、一二一五年のラテラノ公会議では、キリスト教徒は、「年に一回は」（！）告解の秘跡を受けることが義務づけられていた)。こうして、信仰においてとりなしを否定するルターの考えでは、神に対して誰も皆、個人は等しい距離にあり、教会の聖職者のとりなしもその存在も組織も無用なものとして否定される。

(三) パウロ神学との出会い
——神観念ゆえの既成の宗教的行為の否定——

ルターは、一五一七年の『九十五カ条の論題』で宗教改革に突入することになるが、この時、ルターは、一方において《峻厳な神》を抱き、他方で、その悲劇性を「楽園」のように包み込むパウロ神学を身につけていた。このパウロ神学は、塗炭の苦しみのエアフルトの修道院を去って、ヴィッテンベルク大学で聖書研究に励むなかで出会ったものである。パウロは、救済は善行などの行為によらず、信仰それのみによると教えてくれた。ルターは「楽園」に入った時をこう述懐している(「塔の体験」)[28]——「《義人は信仰によって生きる》と書かれているごとく、憐れみ深き神は受動的なものである信仰によって人を義とするのである。かくして、私は、自分が全く生れ変わり、門が開かれて楽園の中に入った感じがした」(図18)。

修道院時代に、自分を殺してしまいかねないほどの苦行をしていたルターにとって、パウロの教えは衝撃的なものであった。正面からまばゆい逆光を受けたのである。こころのつかえが

図 18　ヴィッテンベルクの城教会の塔
人は、善行ではなく信仰のみによって義とされるという悟り（義認論）をこの塔のなかで得たという。（「塔の体験」）

図 19　ルターが「95 カ条の論題」を貼り付けたと言われるヴィッテンベルクの城教会の門
実際には「95 カ条の論題」はこの門には貼付けられなかったといわれる。当初、この門は木製であったが、七年戦争で焼失し、1858 年に新たにブロンズで彫り込まれたという。

図 **20**　城教会（ヴィッテンベルク）

図 **21**　クラナハ《最後の晩餐》1547 年　ヴィッテンベルクの聖マリエン教会

取れたのであった。これは、ちょうど、ルターの同時代人が、ペストの脅威を前に、死や死後の煉獄の苦しみをどうにかして緩和しようと、必死になって、贖罪として、貧者や病人や孤児への慈善、善行、巡礼、喜捨、苦行、鞭打ち、聖遺物崇拝、奉納、囚人の見舞い、さらには贖宥状の入手など、ありとあらゆる宗教行為をおこなって、もがいていたことに対しても逆説的な警鐘――救われるには行為は不要であり信仰だけで良いという警鐘――となった。ルターを介してパウロ神学が人びとに逆説の火花を放った。

また、人びとがみずからの死後のために遺言書で《供養ミサ》を要請することに対しても警鐘となった。ルターの同時代人もルターと同じ心性を共有していたから、この教えはまぶしいほどの共感を得て、多くの人びとは信仰そのものの教えに目を向けたのである。供養ミサこそ、煉獄に直結するものと信じられていたが、それが否定されたのである。

(四)《供養ミサ》と《煉獄》と《ペスト》の密接性

ヴィッテンベルクの市教会（聖マリエン教会）では、一五二〇年代初頭には、ミサは年間九九〇〇回もおこなわれていたという。このうちどれだけが供養ミサであったかは記録されていない。ふつう教会としておこなう義務的なミサは、一日少なくとも三回、早朝の四時から六時の間の「朝ミサ」、九時か一〇時の「盛式ミサ」（「荘厳ミサ」）、そして夕方か夜の最後のミサの三回である（年間一〇九五回程度）。義務的なミサや問題の供養ミサのほかにも、地域によっては様々な特別なミサ（旅行者のためのミサ、熱病にかかった人のためのミサ、不妊女性のためのミサ）がおこなわれたかもしれない（これは、数は少なかっただろう）。教会内には、内陣の主祭壇やクリプタ（地下埋葬所）の祭壇のほかに、側廊に沿って礼拝堂が設置されたことで、同時に複数のミサがおこなわれるようになった――おそらくそれはどれも供養ミサであっただろう。このように見ると、ヴィッテンベルクでおこなわれた年九九〇〇回の大半のミサが特定の個人（故人）ひとりずつにおこなわれる供養ミサ（死者ミサ）であったと考えられる。だからこれは聖職者にとって多大な収入源であった。こうして、ヴィッテンベルクの市教会では、そのためには八三人の聖職者が必要であったという[29]。

また、一五世紀の神聖ローマ帝国全体について見ても供養ミサの増加が顕著であったようだ。研究者ベルント・メラーの書いた論文「一五〇〇年頃のドイツにおける信心」によると、一四五〇年と一四九〇年の間にオーストリアの中流上層の信心会の会員の寄付によって設けられた供養ミサの数は、次第に増えて、一四九〇～一五一七年の期間にそのピークに達したという。また、貧民が亡くなると、司祭に謝礼を払って、ミサを立ててもらうために信心会（兄弟会）を結成する流行が起こった。これらの信心会は、貧者に慈善をおこなう団体であり、基本的に貧民の供養ミサのためにつくられたものであった。ハンブルクだけでも、宗教改革前夜にそのような信心会が九九も存在したが、それらはみな一四五〇年後に結成されたものであったという[30]。

一五世紀のイングランドのリッチフィールドでは、ガスケの研究によると、ミサは一日六回、つまり週に四二回おこなわれたという。これは年間二一九〇回になる。一方、ペスト前の時代の一三〇六年では、ビヴァリー・ミンスターの場合、週に二五回にすぎなかったと記録されている。年間では一三〇四回程度である[31]。史料が乏しく比較する教会が異なるが、供養ミサの激増が認められると言ってもいいかもしれない。

この供養ミサは、原則的に見て、西欧全般においてペスト期に入って増加したと判断される。供養ミサの依頼の増加は、《煉獄の地獄化》に伴った現象である。つまり、ペストは煉獄のイメージを刺激したのである。煉獄を強く意識すると、煉獄での劫罰が意識され、供養ミサによって煉獄から天国へ脱出することが希求されるのである。この《煉獄の地獄化》は、供養ミサだけに認められるだけではなく、幽霊が煉獄での苦しみを訴えてこの世に出没する例話文学においても、さらに、一五世紀の四〇年代に活躍した画家アンゲラン・カントン《聖母の戴冠》(ヴィルヌーヴ=レ=ザヴィニョン市施療院付属美術館、一四五三～一四五四)からヒエロニムス・ボスの《最後の審判》(ウィーン美術アカデミー付属美術館、一五〇〇年頃)に至る煉獄の絵画作品においても認められるのである[32]。まさにペストは教会と宗教に追い風となった。「メメント・モリ」（死を想え）の意識をこれまでになく高めた。

私は、《ペスト》と《煉獄》と《供養ミサ》の三者は深いつながりがあると思う（――《供養ミサ》は《贖罪》に置き換えてもよい）。J．シフォローの実証的な研究によると、ペスト以前、特に一三世紀と比べると、一五世紀には、アビニョンでも、供養ミサの要請が増加した[33]。顕著な増加の例はイングランドである。イングランドでは、権力者や富裕層の供養ミサの要請は天文学的な数値となった。国王ヘンリ七世（一五〇九年没）の場合、供養ミサは一万回も要求した。カンタベリー大司教ウィリアム・コートニー（一三九六年没）の場合、一万五〇〇〇回も要求した[34]。聖職者、それも高位聖職者でさえ、これほどの回数を必要と感じていたのだから（ふつう聖職者の来世は好ましいものと思われていた）、現世で相当の悪事を働いていたとも取れる。さらに、一四三六年にロンドンのセント・ポール大聖堂に埋葬された富裕市民のリチャード・ボークランドの場合、一〇〇万回も供養ミサを要求した。まさにミサのインフレである。彼は、それでも不安だったのか、施療院の病人、癩病棟の患者、ロンドンとウェストミンスターの囚人、聖堂参事会員などにも遺贈や施しをするように遺言書で指示している[35]。これは特別な例かもしれないが、富裕層が数百か数千のミサを要請するのは珍しいことではなかった（救済は富者に優先？）[36]。なお、トスカーナ地方のプラートでは、ダティーニ（一四一〇年没）の慈善を称えて、現在でも市費で毎年、供養ミサがおこなわれている。図22

図 22　死後600年後、今なおおこなわれるダティーニのための供養ミサ（2010年8月17日、プラートのフランチェスコ教会にて）
プラートでは、慈善・善行行為として、巨額の全財産を貧民に遺贈した商人フランチェスコ・ダティーニ（1410年没）を称えて、現在でも市費で毎年、供養ミサがおこなわれている。ダティーニの遺産は現在でも貧者に配分されている。この日はちょうど没後600年にあたり、報道陣の姿も見える。それにしても、巨額の遺贈をして、死後から600年も経っても、まだダティーニは煉獄で罰を受けているのだろうか。

図 23　ダティーニの供養ミサに参加した人たち

（「死後六〇〇年後、今なおおこなわれるダティーニのための供養ミサ」）は、没後六〇〇年にあたる二〇一〇年（八月一七日）におこなわれたダティーニのための供養ミサである（図23「ダティーニの供養ミサに参加した人たち」は、供養ミサの後のひとこまである）。

（五） ルターによる供養ミサの否定

聖職者――この時代は、「教会司祭」よりも数で圧倒した「司祭修道士」が多くの供養ミサを行なった――が供養ミサから得ている収入（お布施）は、相当な額にのぼったことが推測される。この意味で、マズッチョ・サレルニターノ Masuccio Salernitano（一四二〇～一四七五）の次のことばが真実味を帯びている。

> 修道士に対する最良の処罰は、神が煉獄を廃止してしまうことだろう。その場合には、彼らは、何のお布施も受けとれず、鋤鍬（すきくわ）の生活にもどらざるをえないであろうに[37]。

ここでおもしろいことは、マズッチョが、煉獄が当然に存在するものだと信じ切っていることである。その存在を疑ってみることさえしていない。ところが、煉獄はまだ彼が生まれる二〇〇年位前に普及し始めたばかりのものでしかない（一四世紀のウィクリフやロラード派は、生者が死者の来世に干渉できないとして、煉獄の存在とその供養の力を否定した)。煉獄の存在は、聖書にもとづく権威的なものではなく、完全に歴史的な形成物なのである。マズッチョがそれを全く疑わないほど、一五世紀の人びとの間で、煉獄の存在は定着していたのだ。ルターも『九十五カ条の論題』の一五一七年の時点では、まだその存在を疑っていなかった。おそらく厳格に神学理論的に考えていくなかで、ルターもみずからの心性の民間信仰的な部分を「頭」で、つまり神学理論によって排除していかざるを得なくなったのだろう。「頭」で「こころ」(心性)を否定する。こうして、煉獄、供養ミサ、聖母・聖人崇拝、聖遺物崇拝などは否定されていく(38)。

「心性」——民衆の培った民間信仰的な心性——が、「理論」——新時代に対応しようとする神学——によって否定されてしまう。ルター自身が、本来染まっていた民衆的世界から訣別して、みずからに変身を要求せざるを得なくなったのである。

かくして、「頭」で考えたルターによって、聖書に記載されていない聖人の崇拝は、今となっては否定されてしまう。ルターはこういう——「たとえ昔は、聖人崇拝は善いことであったとしても、しかし、今は決して善いことではない」(39)。こうして村で祝われた地域の多くの聖人を祝う祝祭日、つまり民間信仰的カトリックの産物もなくなってしまう。子どもたちが楽しみにしていた聖マルティネス(独　マルティン。トゥールのマルティン、四世紀の聖人)の盛大なお祭りも（理論上）禁止される。マルティン・ルターの「マルティン」の名は、ルターが、生まれた日の翌日に洗礼され、その日が守護聖人マルティンの祝祭日（一一月一一日）であったことで付けられた名前である[40]。かくしてルター自身の名前の由来となったその聖マルティンも否定されてしまうのである。

ルターの同時代人は、都市にペストが周期的に荒れ狂うなか、家族や友人を失い、大量の死者を見るにつけ、疫病によってこの世がまさに「煉獄」に化しているのだから、死後受けるはずの本当の煉獄の贖罪とは、いかばかりのものかと、恐れおののいていた。そのため死後のために多種の宗教行為に走らざるを得なかったのである。煉獄は、ダンテ（一三二一年没）――彼はペストを知らずに死んだ――の時代には、天国へ行くための過渡的な準備期間でしかなかったが、ペストが「神罰」として現世に生きる者を厳しく罰するようになると、その過酷さから「現世」は「煉獄」のように思われ、さらに、「煉獄」は「地獄」のように思われたのである。

ルターは、神への畏怖のもとで不安を抱く人びとに対して、彼らを救済に導くために光を与えようとした。ルターの心性は人びとの心性と同じ土台にあったからこそ、ニュルンベルクなど多くの地域で認められるように[41]、ルターは、広く人びとから共感と支持を得たのではないだろうか。

パウロ神学に出会って神の愛を見出し、「理論武装」することになったルターにとって、贖宥状こそ、それで来世の贖罪を割り引く人間の浅はかな打算であり、恐るべき神をないがしろにする不遜なものであった。一五一七年、宗教改革の《のろし》となった『九十五カ条の論題』の第四九条で「神への恐れ」に触れてこう述べている(42)――「四九、教皇の贖宥は、もし人々がこれを信頼しないのであれば有益であるが、これによって神への恐れを捨てるのであればもっと有害であることを、キリスト者は教えられねばならない」。さらに、何より贖宥状で問題なのは、無限の圧倒的な存在の神を相手に、教皇みずからが神の領域である死後の世界――煉獄での贖罪の軽減――にまで手を出し、贖宥状によって操作することが可能であると考える愚かな傲慢さであった。ルターによれば、教皇はこの世の教会法のなかでしか力を持てないのだ――「五、教皇は、自分自身または教会法が定めるところによって課した罰を除いては、どのような罰も赦免することは欲しないし、またできもしない」(43)。このようにルターの神についての考え方は、教皇権の限界という教会組織の最も大事な問題にまで及んでいたのである。

《峻厳な神》というルターの考え方は、それ以後も信仰の重要な本質として生き続けた(44)。いつも信仰の考え方の出発点をなしたのである。すなわち、恐るべき圧倒的な神は、人間の理性的な認識や人間の形式をはるかに越えた存在であり、来世――つまり煉獄――のための打算や代償や見返りを期待した善行や慈善行為などではだまされない。パウロの教えるように、神への真摯な祈りそれのみによって「神から赦される」、すなわち、「義化される」というものである（信仰義認論）。この考え方の中核にあるものは、《峻厳な神》の認識であり、人間の力の小ささであり、そして、ひたすら信仰することから得られる神の愛である。青年ルターが告解場で体験したことは、《峻厳な神》の存在であり、このように以後の考え方の展開において重きをなしていたのである。

贖宥状のほかに、類似した行為主義は、ほかに数多くあり、ルターはそれに次々と対決していった。すなわち、巡礼の愚かさについて（「キリスト教の改善に関してドイツのキリスト者貴族に与える書　一五二〇年」）(45)、断食の愚かさについて（「キリスト者の自由　一五二〇年」(46)）、また、断食のほかに祈禱、寄進についても、それが信仰の外でおこなわれているがゆえに非難に値するという（「善きわざについて　一五二〇年」(47)）など。

ルターが、後に「公開討論」のかたちでカトリック側から見解の相違を問われ、追及されるほど、内に秘められた本質的な意図が明らかになり、カトリックとの亀裂は大きくなっていくのである――そこでは、一種のこころ（内面）が常にルターの本質をなしたといえる。この姿勢――一種の本質主義――は、正しいか、正しくないかの判断の基準を、歴史的に形成された教会法ではなく、《聖書》に照らすべきであるという立場となって示される。こうして価値の転換の歯車が回転し始めた――そこでは、圧倒的な神、《峻厳な神》ゆえにその核心部をなすパウロ主義的な信仰のあり方、一種のこころ（内面）のあり方が鮮明になっていくのである（——こうして、煉獄の存在もついに否定されることになる。一五二五年、歯車の回転に伴った結果として、煉獄の故人に働きかける供養ミサ（私誦ミサ）が否定されるに至った——「カノンと呼ばれる私誦ミサの悪どさについて」(48)）。

ここにおいて、本来、托鉢修道士として、事実上、供養ミサによるお布施や遺言書による喜捨などによって生きていたルターは、そうした行為による救済の方法をみずから堂々と否定することによって、その「托鉢修道士」の自分の立場を自爆させ、ただのひとりの宗教指導者となったのである。もともと先祖の供養は、世界の多くの宗教に認められるものであるが、それをルターは今や「頭」で否定するのである。

そして、何よりも重要なことは、宗教改革というルターの提起に応えて、それを大きな社会的な運動にまで発展させた大きな要素のひとつこそ、信徒側の厚い層であった。それは、不安のなかで本当に救われたいという時代の人びとの必死の思いであった。一三四八年以降、ドイツではペストは時期にもよるが、五年から一〇年足らずの周期でやって来て人びとを恐怖に陥れた。ルターの住むヴィッテンベルクにも、ペストは一六世紀初頭でも、一五二七年、一五三五年、一五三九年と、四年から七年の間隔で次々と襲いかかった。こうした背景もあって広く《峻厳な神》を思い抱き、精神的な危機意識を抱くことにおいて、民衆・市民などの人びととルターとは、かなりの部分を共有していたのである。実際、贖宥状の有効性に疑問を抱いてルターに問うたのは、信徒側であった。ルターが孤立した思想家で終わらなかった一因がここにある。そして、背景として《峻厳な神》のイメージを抱かせたもの、すなわち、ペストや飢饉による深刻な危機意識が、ルターを含めて、幅広くヨーロッパの一般の層に積もっていたのである。これについて私は、フィレンツェの為政者の心性を例にして実証したことがある[49]。

(六) ルターとスコラ学者の現実への対応の違い

前世紀のフィレンツェのアントニーノ(アントニヌス)(一三八九～一四五九)(ドミニコ会士、フィレンツェ大司教、一五二三年列聖)など、多くのスコラ学者は、出来上がってしまった現実の現象に対して、本来のあり方の立場も踏まえながらも、両者の間に現実的な妥協点をどうにか見出して都市の大商人(教会の援助者、都市の支配者)を救済しようと、調停役を務めていた[50]――そうした現実的な妥協は、托鉢修道士オリーヴィ(一二四八～一二九八)の利子論(「一三世紀の資本論」)[51]や遺言書の作成時の代償行為の工夫などから認められる。例えば、遺言書でのその工夫とは、「不当利得の返還」であった(これについては、私は一三世紀から一四世紀の遺言書について翻訳と分析をおこなっている)[52]。

ルターは逆説の思想家であった。イギリスの研究者トーニーによれば、ルターの時代では、一六世紀初頭あたりからわずか六〇年間のうちに「経済革命」の波が次々と押し寄せた[53]。それは、地理上の大発見、ギルドの崩壊、資本主義企業の興隆、価格革命、中世的農村の崩壊、国際的銀行組織の発展、そして、為替や、利子を前提とせざるを得ない国際金融、企業連合（組合連合）などの複雑化した社会、一種の資本主義的な社会であった。これに対してルターは、東洋から高価な銀や香料をもたらし、その地域の人びとから金を吸い上げてしまう外国貿易の貪欲と不正を非難したのである（「商取り引きと高利について　一五二四年」[54]）。国際貿易はルターの軽蔑したものであり、ほかならぬ手の込んだ法律や論理の所産であった。「ルターは、発電機や蒸気機関を見せつけられた野蛮人のように驚いた」（トーニー）。ルターによれば、キリスト教徒は額に汗を流して日々の糧をうるべきである。彼は最も賞賛に値する生活は農村の生活であると考えていた。「農民の子」ルターは、変質する社会の現実に対してスコラ学者のように妥協せず、理想の姿についてふるさとの現実の農民の姿に求めたのである。この逆説の宗教理論家はここに「革命的な保守主義」[55]をもって理論を展開したのである。

注

(1)　ベイントン『我ここに立つ』五二頁。

(2)　ベイントン『宗教改革』二三頁。

(3) 中山善樹「エックハルト」「ドイツ神秘主義」　大貫隆ほか編『岩波キリスト教辞典』　岩波書店　二〇〇二年。
(4) 中山善樹「(著作）解説」エックハルト（中山善樹訳）『創世記註解、創世記比喩解、ラテン語著作集I』知泉書館　二〇〇五年　四〇二～四〇七頁。
(5) 中山善樹「エックハルト」大貫隆ほか編『岩波キリスト教辞典』。
(6) 桑原直己「エックハルトの「神秘主義」と説教・霊的指導の言語」『哲学・思想論集』（筑波大学）二〇一三年　三八～四二頁。
(7) 金子晴勇・竹原創一訳『キリスト教神秘主義著作集　第一一巻　シュタウピッツとルター』教文館　二〇〇一年　一七一頁。
(8) ニーチェ（木場深定訳）『道徳の系譜』岩波文庫　一九六四年　二四二頁。
(9) 「弱くてこの試練にたえられない人人には、努力することをやめて、神性の奥底に没入する方法が存在している。しかし、ルターは、不浄なものである人間を抱擁するふところとして、神を思い浮かべることができなかった。神は聖にして、おごそかで、荒廃させ、焼きつくすものなのである」（ベイントン『我ここに立つ』五一頁）。
(10) 金子晴勇はこういう――「ヨーロッパの精神史においてシュタウピッツはルターを指導した師であり、その特質は神秘主義に求められている」「総説　神秘主義の歴史におけるシュタウピッツとルター」　シュタウピッツほか（金子晴勇・竹原創一訳）『キリスト教神秘主義著作集　第一一巻　シュタウピッツとルター』四五五頁。ただシュタウピッツは宗教改革者ルターに同調せず、カトリックに留まった。彼は宮廷付司祭としてザルツブルクへ移り、ベネディクト会に入った。ルターは、シュタウピッツの離脱に心を痛めたという（徳善義和「シュタウピッツ」『キリスト教人名辞典』日本基督教団出版局　一九八六年）。

(11) ベイントン『我ここに立つ』三四頁。

(12) E・H・エリクソン（西平直訳）『青年ルター』第一巻　みすず書房　二〇〇二年。エリクソンは、青年ルターの落雷体験についても心理学的に分析する（第一巻、一三八～一四二頁）。なお、エリクソンは、ルターの修道院入りについて、ルターが父親を説得できたのは、当時二人の弟の疫病死した事実が作用したという（一四三頁）。

(13) ルター（植田兼義訳）『卓上語録』教文館　二〇〇三年　三一頁。

(14) *Luther's Work,* vol.54, p.15.

(15) ベイントン『我ここに立つ』四八頁。

(16) 数年後の一五一七年になってルターは、アリストテレスとスコラ学者に対して、人文主義的な修辞的表現をもって、こう非難する――「《アリストテレス抜きでは神学者になれない》というのは誤りである。むしろ、アリストテレス抜きでなければ、神学者になれないのである」。「《論理学者でない神学者は、恐るべき異端者である。》とは、恐るべき異端の言葉である。」（ルター（山内宣訳）「スコラ神学反駁」『ルター著作集　第一集　第一巻』聖文舎　一九六四年　五四頁）。ルターは、アリストテレスに代わってアウグスティヌスを中軸に置き換える。

(17) 拙稿「ルターの宗教改革はどうして起こったか――《キリスト教信仰》と《学問・理性》の関係か

ら見る」『文化学年報』第六三号　二〇一四年　一七八～一八〇頁。ルターは、修道院において前世紀のヴァッラの著作に触れ、そこに「自由意思の否定」と「信仰至上主義」と「反理性」の思想を知り、大いに啓発を受けていたのである（拙著、一七六頁）。ルターは、後に『奴隷的意志について』（一五二五年）などでこう述べている――「ロレンツォ・ヴァッラは私がこれまで見出したイタリア人のうちで最高の人物である。彼は、有能にも、自由意思を否定している」（『奴隷的意志について』）『ルター著作集　第一集　7』一七五頁。「実に、私としては、アウグスティヌスとともに・・・ウィックリフとロレンツォ・ヴァッラが私の最高の拠り所である」（『卓上語録』）（*The Renaissance Philosophy of Man*, eds. by E. Cassirer, P. O. Kristeller, and J. H. Randal, Chicago and London, 1948, p.153.）。

(18) 徳善義和「ルター著作集第一巻　解説」『ルター著作集　第一集　第一巻』五頁。

(19) 宮谷宣文「エックハルト」『キリスト教人名辞典』日本基督教団出版局　一九八六年。

(20) ベイントン『我ここに立つ』五二頁。

(21) 五一～五二頁。

(22) 「キリストはヨハネによる福音書第五章（三九節）で《聖書を究めよ。なぜならこれは私について証しをするからである》と言われ、聖パオロはテモテに「聖書を読むことを続けよ［Iテモ四・一三］と命じ、またローマの信徒への手紙一第一五章［三節］では「キリストが聖書にあるとおり、ダビデの血筋から出て、死に、死から復活した」と言っている。聖ペテロも再々聖書を指し示している」（ルター「旧約聖書序文（一五二三年）」徳善義和・伊藤勝啓訳『宗教改革著作集』第四巻

教文館　二〇〇三年一一～一二頁）。ここでそれぞれが言う「聖書」とは、言うまでもなく「旧約聖書」のことである。

(23) なお、新約聖書にあっても「マタイの福音書」第二五章第三一節の《最後の審判》のように厳しい言葉もある。

(24) ル・ゴッフ（池上俊一・梶原洋一訳）『アッシジの聖フランチェスコ』岩波書店　二〇一〇年　一二八頁。

(25) ルター（緒方純雄訳）「贖宥の効力を明らかにするための討論　一五一七年」（いわゆる「九十五カ条の論題」）『ルター著作集　第一集　第一巻』聖文舎　一九六四年　七三頁。ルターのここでの否定について、宮庄哲夫は、こういう――ルターは、「贖宥状のような平安の保証によるよりも、《多くの苦しみによって天国に入ることを信じなければならない》と主張する。つまり、罪の赦しは神と人との直接的・個人的問題であって、そこには司祭を介しての公的・制度的媒介は無用であり、神と人との間に立って、教会が罪の赦しを与える役割をもつという考え方そのものの否定である」（「神と人間の関係」　金子晴勇、江口再起編『ルターを学ぶ人のために』世界思想社　二〇〇八年一五八頁）。

(26) ルター（藤代泰三訳）「贖宥の効力についての討論の解説」『ルター著作集　第一集　第一巻』一四九～三九七頁。

(27) 一七〇頁。

(28) ルター（中村賢二郎訳）「一　ルターの回心」より「3　塔の体験」中村賢二郎編訳『原典宗教改

革史』ヨルダン社 一九七六年 二二三～二二五頁。

(29) 徳善義和「解説（ルター「カノンと呼ばれる私誦ミサの悪どさについて 一五二五年」）」『ルター著作集 第一集 第六巻』一九六三年 聖文舎 四頁。供養ミサから得られる収入が、宗教改革に突入してもなお、その処理について問題を残した。これについては次の好論文を参照。原田晶子「宗教改革にともなう死者追悼儀礼に対する請願――カトリック共同体からプロテスタント共同体への移行の狭間で――」 神崎忠昭編『断絶と新生――中近世ヨーロッパとイスラームの信仰・思想・統治』慶應義塾大学言語文化研究所 二〇一六年 一八五～二〇五頁。

(30) A・E・マクグラス（高柳俊一訳）『宗教改革の思想』教文館 二〇〇〇年 五〇～五一頁。

(31) C. Daniell, *Death and Burial in Medieval England, 1066-1550*, London, New York, 1997, p.6.

(32) ペスト期の例話では、地獄と見紛う光景の煉獄――《煉獄の地獄化》――の描写が際立っている。一四世紀最初のペストの直後、一三五三年に書かれた例話集がそれである。拙訳「パッサヴァンティ『真の改悛の鑑』」（一）第一一話「煉獄での《女狩りの責め苦》――ヌヴェールの炭焼屋」『人文学』（一六二～一六七頁）は、ペスト前、すなわち、一二二三年にハイスターバッハのカエサリウス（*Caesarii Heisterbacensis monachi ordinis Cisterciensis Dialogus miraculorum*, J. Strange, vols. 1-2, Coloniae-Bonnac-Bruxellis, 1851.）の煉獄の例話と比較すると、煉獄がペスト以後に地獄化したことがよくわかる。ペスト前のハイスターバッハの例話（第一二巻第二〇章「司祭のめかけに対する罰について――悪魔がめかけの狩りする――」）では、煉獄はこう描写される（vol.2, p.330.）。

「冥界の猟師は、女を追いかけて捕まえた。彼は、女を馬の背に寝かせて乗せた――馬の一方の側には女の頭と両手が、もう一方の側には女の両足がだらりとしていた。こうして彼は、少し騎士の方に向いてきたが、獲物を奪い去った」。カエサリウスの煉獄の描写は、ただこれだけである。一方、パッサヴァンティの描写は以下のように遥かにすさまじいものがある。

「彼（騎士）は剣を鞘から抜いて振りかざしていた。そして騎士と馬のそれぞれの口、目、鼻からは炎が燃え上がって出ていた。女は、燃えているカマドの所に着くと、もうそれ以上先には進まなかった。そしてカマドのなかに思い切って身を投げるようなこともせずに、カマドの回りを走っていたが、女を追ってやって来た騎士につかまえられてしまった。騎士は悲鳴をあげる女を引っ張って、彼女のたなびく髪をぐいとつかんで、手に持っていた剣で容赦なく彼女の胸を突き刺した。そして女は大量の血を流して倒れた。それから騎士は、血に染まった彼女の髪の毛を再びつかんで、燃えている炭焼きカマドの中に彼女を投げ込んだ。そしてしばらく彼女をそのままにした。そして全身いっぱいにやけどを負った女を火の中から出して、それから騎士は、だらりとした女の体を馬の首のところに乗せて、もと来た道を走って行った」。

また、美術における「煉獄の地獄化」の表現については、以下を参照。坂入和子「ヒエロニムス・ボス《「最後の審判」の祭壇画》における煉獄」『成城美学美術史』第二号　一九九四年　五〜三二頁。「アンゲラン・カントンによってなされた絵画における煉獄の地獄化をさらに推し進め最高点にまで達せしめたのが、ヒエロニムス・ボスの《「最後の審判」の祭壇画》であると筆者は考える」（二三頁）。

(33) J. Chiffoleau, "Ce qui fait changer la mort dans la région d'Avignon à la fin du Moyen Âges", in *Death in*

the Middle Ages, ed. by H. Braet and W. Berbeke, Leuven, 1983, pp.117-133.

(34) C. Daniell, p.6.

(35) *Fifty earliest English wills in the Court of Probate*, London : A. D. 1387-1439 : with a priest's of 1454. Church of England. Province of Canterbury. Prerogative Court. Furnivall, Frederick James, 1825-1910, ed. London, New York, Toronto : Oxford University Press, 1964, p.105.

(36) Daniell, p.6.

(37) B. Russell, *A History of Western Philosophy*, Unwin Paperbacks, London, 1979, p. 489. 邦訳、B・ラッセル（市井三郎訳）『西洋哲学史　古代より現代に至る政治的・社会的諸条件との関連における哲学2　中世哲学』みすず書房　一九七〇年　四九五頁。

(38) ルターの煉獄の否定については、以下の二点を参照。中谷博幸「マルティン・ルターと死者の「死」」（1）（2）『香川大学教育学部研究報告　第一部』第一二三号、一二四号　二〇〇五年（1）一～一八頁、（2）一三～二六頁。庶民のなかで育って、心性として染みついた煉獄という部分、すなわち、民間信仰的な部分を否定し去ることのルターの迷いが見て取れる。C. M. Koslofsky, *The Reformation of the Dead : Death and Ritual in Early Modern Germany, 1450-1700*, Houndmills, Basingstoke, Hampshire, 2000, pp.21-31, pp.34-39. 羽田功もルターの民間信仰の根強さを指摘する（『洗礼か死か　ルター・十字架・ユダヤ人』林道舎　一九九三年　五九頁）。

(39) ルター「キリスト教の改善に関してドイツのキリスト者貴族に与える書　一五二〇年」二七三頁。さらに、ルターは『大教理問答』でこう言う――「歯が痛みだせば、断食をして聖アポロニアを祭る。火事がこわければ、聖ローレンスを救難聖人とする。疫病を恐れるときには、聖セバスティアンか聖ロキウス［ママ。「聖ロクス」］に対して誠実を誓う。こうした身の毛もよだつ例は数え出せばきりがない。というのも、一人ひとりが勝手に自らの聖人を選び、崇敬し、危機にあっては救助を求めているからである。だから……悪魔と提携して恥も外聞もなく金を受け取ったり、情事の仲立ちをさせたり、あるいは家畜を守らせたり、なくした財産を取り返そうとする者たちもまた同類である」（羽田功『洗礼か死か　ルター・十字架・ユダヤ人』五八～五九頁）。

(40) K. Zimmermann, *Martin Luthers Leben : Illustrationen des 19. Jahrhunderts*, Coburg, 1983, p.3. ; J. Koestlin, *Life of Luther*, La Vergne, 2011, p.9.

(41) ブリックレ『ドイツの宗教改革』一五〇～一五四頁。

(42) ルター「贖宥の効力を明らかにするための討論　一五一七年」七九頁。

(43) 七四頁。

(44) 信仰そのものの重視はカトリック側にもルター以前から存在した。A. G. Dickens, *The Counter Reformation*, New York, 1968, chap. 2. G. K. Brown. *Italy and the Reformation to 1550*, London, 1971, pp.47-48.

(45) ルター（印具徹訳）「キリスト教の改善に関してドイツのキリスト者貴族に与える書」『ルター著作集　第一集　第二巻』聖文舎　一九六三年　二五一～二五三頁。

(46) ルター（山内宣訳）「キリスト者の自由　一五二〇年」『ルター著作集　第一集　第二巻』三九〇～三九二頁。

(47) ルター（福山四郎訳）「善きわざについて 一五二〇年」『ルター著作集 第一集 第二巻』一一～一二頁。
(48) ルター（徳善義和訳）「カノンと呼ばれる私誦ミサの悪どさについて 一五二五年」七～三三頁。
(49) 拙稿「《峻厳な神》とペスト的心性の支配――一五世紀フィレンツェの立法・政策・判決に心性を読む――」『人文学』一九一号 二〇一三年 三一～一四二頁。
(50) トーニー、八一頁。
(51) 大黒俊二『嘘と貪欲 西欧中世の商業・商人観』名古屋大学出版会 二〇〇六年 一～二一頁、五四～六二頁ほか。
(52) 拙著（編訳）『イタリアの黒死病関係史料集』第二〇章。
(53) トーニー、一二二～一二四頁。
(54) ルター（松田智雄、魚住昌良訳）「商取り引きと高利について 一五二四年」『ルター著作集 第一集 第五巻』四九五～五八九頁。
(55) トーニー、一五一頁。

おわりに

——《峻厳な神》の支配——

ペストは社会不安を高めたが、特に終末論と最後の審判のイメージを刺激した。それは一五世紀末にこの世に生を享け、民衆と心性を共有したルターにおいても同様であった。ルターは、サヴォナローラが《終末》を訴えて築きあげたフィレンツェの神政政治の体制が瓦解して、彼が処刑された一四九八年にすでに一四歳になっていた。サヴォナローラとルターの二人は、アルプスをはさみながらも、ある期間、同じ時代の不安と《峻厳な神》の支配する空気を共有していたのである。二人は孤高の人ではなく、人びとに支えられて存在していた。つまり、二人は、不安の状況に対応すべく人びとと心性を共有していた。二人は、救済へのまことの道を目指した托鉢修道士であった。

そもそも一五世紀から一六世紀初頭の社会は、基本的に見て、俗に言われるルネサンス的な世俗主義と享楽のはびこる非宗教的、反宗教的な社会というわけではなかった。当時、多くの人びとは、一方で確かに世俗的利益を追求しながらも、他方、黒死病や終末論を突きつけられており、この宗教的、社会的危機のなかで、来世の救済を目指して何としてでも救済を得ようと必死になっていた（二元主義）。

今日の高校の世界史の指導者においても、宗教改革は、「人間中心」のルネサンスに対するアンチテーゼであると見る者が多い。しかし、今日の研究成果から見ると、そう単純ではなく、一五世紀のルネサンスの人びとも、みな等しく救済を欲していて、主にペストなどの脅威から、無信仰どころか、教会や聖職者に依存するばかりではなく、自主的に宗教的な行為を必死におこなっていたことがわかっている。例えば、民衆・市民レベルの宗教的な運動組織である信心会（兄弟会）は、時代や地域によって多様であるが、基本的にペスト期において西ヨーロッパ中で数多くつくられ、活性化したといえる。会員は、救済志願や神への恐怖を背景として、慈善行為などを中心に活発な活動を展開していた[1]。また、一五世紀イタリアの場合、宗教的見地から、地域にもよるが、安息日である日曜日（「主日」）（約五〇日）のほか、聖人等の祝祭日（約一〇〇日）を合わせると、年間約一五〇日も労働してはいけなかった（労働日はわずか年間約六〇パーセント）。これは、人びとが、神の怒りを恐れ、神から愛されて天国に行けることを目指していたことの現われであろう。なおも宗教生活は重要な要素であり、政治も宗教を尊重し、時に宗教に導かれ、両者は混然としていた。罪人の死刑は神のご機嫌を損ねることのないように、神聖な日曜日にはふつう執行されなかった。

当時、人びとは聖人を介しながら神に向かい合っていたといえる。ルネサンス美術の作品は、そうした団体やそれとほぼ同じような意識の個人が注文主であった。その意向を受けて制作されたことから、戦争画や肖像画を除くと、ほとんどすべて聖書や聖人を主題とする宗教画である――これはヨーロッパの美術館を訪れた人なら理解できるだろう。特に一五世紀後半から一六世紀初頭のルネサンス絵画の特徴のひとつは、一枚の絵画に数人の聖人が横並びに描か

図24　リドルフォ・デル・ギルランダイオ《聖母子と諸会話》、1518年頃、ピストイア市立博物館
左から聖母子・二人の聖女（不明）をはさんでセバスティアヌス、ヤコブ、洗礼者ヨハネ、大グレゴリウス。リドルフォ・デル・ギルランダイオ（1483～1561）は、ドメニコ・ギルランダイオ（1449～94）の息子。

れる「聖会話」（サクラ・コンヴェルサツィオーネ）が増加している点である。注文主（寄進者）は、聖母を含めて諸聖人に数多くの守護をすがっているのである（図24「リドルフォ・デル・ギルランダイオ《聖母子と諸会話》（一五一八頃）ピストイア市立博物館」）。

しかし、実際には高校の世界史の教科書では、「ルネサンス」とは、宗教から人間を解放する世界観から展開された運動であると記述する傾向が強い。例えば、ルネサンスについて、「神中心の伝統的な権威にとらわれずに、自由にかつ合理的に人間や世界の現実を表現する動き」（二〇一三年度『世界史B』三省堂）、「神を中心とするキリスト教的な世界観よりも、人間を中心とする現実的世界観に重点をおいた運動」（二〇一三年度『世界史B』第一学習社）などである(2)。教科書の編集者は、限定された字数のなかで苦心しているが、「ルネサンス」という時代を、神や宗教から解放された近代的要素を備えた時代として、どうにか特色づけたいようである。かなりの教科書が、ブルクハルト流に近代化路線のなかにルネサンスを位置づけることに必死である。そのように実際より割り切って説明する方が高校生には教えやすいのだろう。ルネサンスは、合理主義的な価値観も強いが（特に上層の一部の知識人において）、救済志願を中心として、全般的になおもキリスト教信仰は根強く、極めて本質的である（――ペストのせいで中世よりある意味で信仰は必死かもしれない）。むしろ、ルネサンスは、世俗主義とキリスト教の二元主義から理解すべきと考える（――同様に、一七世紀の「科学革命」も、ニュートンに見るように、キリスト教との共存、つまり二元的関係から理解されるべきである）。

同様に、宗教改革に先立つ一五世紀から一六世紀初頭のドイツの高い宗教性について、マクグラスは、それが誤解されてきたことに触れて、次のように述べている(3)。

宗教改革の背景に関する昔の研究書は中世末期を宗教が衰退した時代のように描く傾向があった。これは部分的にそのような研究書が一五世紀の教会に対して批判的だった文献を無批判に受け容れた結果である。現在の研究書はもっと信頼できる基準を用いて、その状態がまったく正反対であったことを示している。一四五〇年と一五二〇年の間に、ドイツでは民衆の宗教的信心が大いに増大していた。

実際のところ、この時代の背後にあった宗教的不安を理解せずして、この時代の宗教美術や宗教改革は理解できないであろう。例えば、《最後の審判》の美術作品は、繰り返されるペストによる不安と、しばしば世紀末(すえ)に生じる「終末論」的不安によってもたらされたものである。《最後の審判》の傑作が一五〇〇年の前後のほぼ五〇年間に多いのも偶然ではない。例えば、オルヴィエート大聖堂(図25「ルーカ・シニョレッリ、《最後の審判》、一五〇〇〜〇四年頃」)、システィーナ礼拝堂(図26「ミケランジェロ、《最後の審判》、一五三六〜四一」)、ボーヌ施療院(図27「ロジェ・ヴァン・デル・ヴァイデン、《最後の審判》、一四五〇年頃」)、ベルギーのグダニスク国立美術館(図28「ハンス・メムリンク、《最後の審判》、一四七一年頃」)、ユトレヒトのカタレイネ修道院美術館(図29a・29b「ヘルマン・トムリング(一五九六年没)、《死の勝利と最後の審判》、一五五〇年頃」)、ウィーン美術アカデミー付属美術館(図30「ヒエロニムス・ボス、《最後の審判》、一五〇〇年頃」(4))、どれも壮絶な表現で我々に真に迫って来る。

図 25　ルーカ・シニョレッリ《最後の審判》より　1500–04 頃
サン・ブリーツィオ礼拝堂　オルヴィエート大聖堂

図 26　ミケランジェロ《最後の審判》1536～41
システィーナ礼拝堂　ヴァティカン宮殿

図 **27**　ヴァイデン《最後の審判》 1450 年頃　ボーヌの施療院（オテル・デュー）

図 **28**　ハンス・メムリンク、《最後の審判》、1471 年頃、グダニスク国立美術館

図 29 a　ヘルマン・トムリング、《死の勝利と最後の審判》の中央図、1550 年頃

図 29 b　ヘルマン・トムリング、《死の勝利と最後の審判》の部分（中央図）、1550 年頃

図30　ヒエロニムス・ボス《最後の審判》(中央図)、ウィーン美術アカデミー付属美術館、1500年頃

最後のヒエロニムス・ボスの《最後の審判》(三翼祭壇画)の場合、その中央パネルの下部に描かれたのは、何と地獄ではなくて、「煉獄」であるという(坂入和子)(5)。確かにそれは地獄同然の厳しい情景が描かれている。実際、これは「煉獄」ではなく「地獄」であると見る説もあるという。しかしながら、現世に生きている者の最大の関心は煉獄であった。現世がまさに煉獄同然の状態なら、来世は地獄同然の煉獄と思われた。当時のボスが所属していた「聖母マリア兄弟会」が供養ミサを担当し、煉獄に対して高い関心、いやむしろそこからの脱出に高い関心を示していたことから判断して「煉獄」と見るのが妥当であるという。この見方は、

私は正しいと思う。実際、《最後の審判》を画家がスケールの大きな画面で腕を振るうための単なる虚構の世界の表現と見るには、あまりにリアリティがあり、真に迫っている。本当に最後の審判が下されるという真実味から表現されている。

N・コーンも「ミュンツァーと同様、ルターも終わりの日は近いという信念にもとづいてすべての行動を行なっていた」といっている(6)。また、『卓上語録』の筆記者によれば、ルターもみずからでこう述べているという——

この世が一五二三年に終わりになるだろうといううわさがある。望むらくは、そんなに長くならないでほしい(7)。

一五世紀の終末意識と宗教的不安はそのまま宗教改革者に引き継がれている。宗教改革前の時代と宗教改革の時代との間には緊密な連続性が認められるのである。また、スクリブナーなどの現代の研究者も指摘するように、一五〇〇年前後はますます強く終末が意識されたのである。スクリブナーは、ルターが実際に抱いた終末意識についてこう書いている。

すべての改革者は、終末が差し迫っているという信念を分かちもっていた。なかでもルターがその先頭にいた。ルターは、終末の日が正確に決定されているとか、終末が人間の活動によって早められ

ると は信じていなかったが、黙示信仰の強い傾向が教皇庁とカトリック主義に対する彼の態度に影響を与えつづけた。黙示録的情熱は一六世紀後期のルター主義を構成する要素となり、それを無視するならば、ルター主義を理解することはできない(8)。

このスクリブナーの記述からは、峻厳な神の圧倒的な存在が宗教改革者たちに影響を与えていたと見ることができるだろう。つまり、何度も押し寄せるペストの大量死などによる苦難は、終末意識を刺激していたと考えられるだろう。

贖宥状がカトリック批判の突破口になったのは、ひとつのきっかけとして表面化したものでしかないかもしれない。主に従来の、一三世紀頃に形成された考え方――《善き神》の観念――がつくりだした形式や組織では、もはや一五世紀、一六世紀のドイツの宗教的、精神的危機に対応できない時期に来ていた。一四世紀以来、従来の神観念はペストによって新たな神観念へと変貌せざるを得ず、そこでは、人びとの宗教的想念には《峻厳な神》がおのずと支配的となった。それゆえ高まった煉獄への恐れから、例えば、贖宥状の購入者の唯一の目的は煉獄の苦しみの緩和であった。

聖職者が批判された一因として、ペスト（神罰）が何度も繰り返しやって来たことから、聖職者が人間と神とのとりなし役を十分に果たせていないということに対して、強い不満や不信感が募っていたせいもあったのかもしれない（彼らも疫病死したが、それも相応の神罰のせいかもしれなかった）。もちろん一六世紀初頭において宗教的な課題のみならず、政治的、社会的な問題も、背後から作用して複合したかたちで時代に迫ってきていた。ルターは、これに対して宗教的にも経済的にも逆説的な反応と対応を示した。むしろ本質的なことは、宗教改革成立に関する諸説を否定するわけではないが、背後において、苦難のなかですでに存在していた人びとの心性（宗教的不安）がルターによっていっそう刺激されて、この時期になって大きな問題にまで発展したのである――すなわち、その心性は、ひとつの宗教的心性であり、宗教的出来事として理解された疫病とその終末論的な危機意識の高まりによるものである。この危機意識において、既成のカトリック教会の体制――制度化された教会法の遵守、スコラ学の支配等――では満たされない部分が感じられるようになったのである。こうして、カトリック側の既成の贖罪の方法も、民間信仰におんぶしていた分、実際ひとたび疑問が提示されると、確かにそれは必ずしもすべての人を説得できるものではなくなっていた（カトリックもその反省からその後、改革に転じる）。カトリック側は、少なくともアルプスを越えた地域にまで統制できる理論も権力も備えていなかった（ここには宗教以外にも諸要因が作用しただろう）。

ドイツにおいて、この終末論的な危機意識はますます高まり、その水位の高さはこれまでにないものであった。もはやカトリック教会から与えられた贖罪という「かたち」（行為）では安心できない次元にまで水位は高まっていたのである。ルターは、このなかで、先行する神学者を踏み台にして、さらに、社会的、心性的な時代の流れを受けて、みずから素朴な庶民から生まれ、時代の心性を共有する知識人として、ひとつの回答を出したのである。その回答の中核のひとつとして苦難の奥にある《峻厳な神》の存在は、市民・民衆と共有されたものであり、個人を越えたものであった。時代を支配した《峻厳な神》、さらに、人びとにとってその現われと理解されたペストの脅威（身体的、宗教的脅威）を抜きにしては、ルターを含めてこの時代の人びとの心性と行動の重要な一部は理解されないだろう。つまり、通説が看過しているペストから受けた「苦難」とそれによって形成された「心性」、《峻厳な神》とペスト的心性の支配、これを抜きにしてはルターと時代の心性と行動を理解することはできないであろう。――だから、「聖職者の堕落が宗教改革の原因」（高校教科書）と言うよりも（聖職者の堕落はいつの時代にもあった）、聖職者が死後の恐れを刺激するだけで、供養ミサなどの宗教的慣行による収入を稼ぐことに専念していることに聖職者への不信があったのだろう。

これまで指摘されていないことがある。ルターの宗教改革は、ペスト抜きではほとんど考えられず、それが、いくつかある原因のなかの重要な一因であり、まさに「ペスト期」が生んだ宗教思想の典型であったといえるだろう。また、最終的にルターは煉獄の存在を否定したが、それがいかに画期的なことであったかも理解されるべきであろう。そもそも宗教改革を煉獄に触れずして教えようとする今日の世界史の教科書の不備、さらにはルネサンス期がそうであるように近世における高い宗教性（救済志願）の存在を無視するその不備が強く認識されるべきであろう。

注

(1) 河原温、池上俊一編『ヨーロッパ中近世の兄弟会』東京大学出版会　二〇一四年。

(2) 西川正雄ほか『世界史B　改訂版』三省堂　二〇一三年。向山宏ほか『改訂版　世界史B　人、暮らしがあふれる歴史』第一学習社。

(3) マクグラス『宗教改革の思想』五〇頁。

(4) このほかにイタリアのコモのサンタ・マリア・ギルリ教会、バッサーノ・マレンコのサンタ・クラウス教会などにもある。

(5) 坂入、二七頁。

(6) N・コーン（江河徹訳）『千年王国の追求』紀伊國屋書店　一九七八年　二五二頁。

(7) 『我ここに立つ』、三八九頁。N・コーン（江河徹訳）『千年王国の追求』紀伊國屋書店　一九七八年　二五二頁。

(8) スクリブナー、ディクソン（森田安一訳）『ドイツ宗教改革』岩波書店　二〇〇九年　六四頁。

著者紹介

石坂尚武（いしざか　なおたけ）

1947 年、千葉県生まれ。
同志社大学文学研究科修士課程修了。現在、同志社大学文学部教授。
著書『ルネサンス・ヒューマニズムの研究』（晃洋書房）
『地獄と煉獄のはざまで――中世イタリアの例話から心性を読む――』（知泉書館）
『苦難と心性――イタリア・ルネサンス期の黒死病――』（刀水書房）
編著『イタリアの黒死病関係史料集』（刀水書房）他

どうしてルターの宗教改革は起こったか〔第 2 版〕
――ペストと社会史から見る――

2017 年10月31日　初版第 1 刷発行
2021 年 7 月31日　第 2 版第 1 刷発行
（定価はカヴァーに表示してあります）

著　者　石坂尚武
発行者　中西　良
発行所　株式会社ナカニシヤ出版
〒 606-8161　京都市左京区一乗寺木ノ本町 15 番地
Telephone　075-723-0111
Facsimile　075-723-0095
Website　http : //www.nakanishiya.co.jp/
E-mail　iihon-ippai@nakanishiya.co.jp
郵便振替　01030-0-13128

装幀・印刷・製本 = 協和印刷

ISBN 978-4-7795-1585-9 C 3022